Sandra Schneising

PSYCHOMOTORIK

FÜR KINDERGARTEN, GRUNDSCHULE UND VEREIN

EIN PRAXISBUCH FÜR ALLE

ISBN 3-9807078-0-6

**Buchverlag
Sandra Schneising**

Gappenacher Straße 27, 56295 Rüber
Telefon: 02654 - 961944, Fax 02654 - 961937

eMail: Buchverlag@schneising.de
Homepage: http://www.buchverlag-schneising.de

Text und Fotos: Sandra Schneising

Gesamtherstellung: Röhricht MULTIMEDIAPOINT. - 66877 Ramstein

Widmung

Kinder sind die großen Gelehrten und Lehrer der Erwachsenen. Bereits in jungen Jahren wissen sie genau, was sie brauchen und nehmen sich dies.

Ich widme dieses Buch all den Kindern, die unermüdlich versuchen, mir den Weg zu zeigen, die nicht aufgeben und mir unentwegt mit ihren einfachen Mitteln das Wissen über ihre Entwicklung aufzeigen.

Meiner eigenen Unwissenheit über ihren Entwicklungsstand und ihre Bedürfnisse entgegnen sie häufig mit verschränkten Armen, Aufstampfen mit dem Fuß oder lautem Geschrei. Sie alle haben mich gelehrt, dass auch die perfekt vorbereitete Stunde ihren Bedürfnissen nicht gerecht werden kann, solange die Kinder keine Möglichkeit haben, eigene Kreativität und Aktivität einzubringen.

Schließlich widme ich dieses Buch meinem kleinen großen Bruder, der trotz - oder gerade wegen - seiner Behinderung mein größter Lehrer war und ist. Er ist meine größte Herausforderung und ich nehme sie immer wieder gerne an.

Danke.

Danksagung

Bedanken möchte ich mich bei all den kleinen Lehrmeistern: meinem Bruder Steven Kloß und den Kindern der Schule für Körperbehinderte in Neuwied.

Allen Kindern des TuS - Niederberg: meiner Schwester Jenni Kloß, Yvonne, Sabine, Christina, Prisca, Doris, Laura, Pia, Julia, Leonie, Nicole, Nadja, Natalie, Jessica, Eileen, Christina, Sabine, Marie-Christine und Benedikt. Den Kindern des TV - Plaidt: Linda, Sarah, Helena, Selina, Jasmin, Stefanie und Catrin. Sowie den Kindern des TV - Pfaffendorf: Pia, Aline, Susanne, Viola, Berit, Maren, Sandra, Elena, Jana, Caroline, Clair und Sabine.

Auch allen großen Helfern möchte ich meinen Dank aussprechen. Besonders meinem Mann Frank, der mich in allem unterstützt. Meiner Mutter Ute Kloß, die mir mit Rat und Tat zur Seite stand. Außerdem bei Gitta Fries-Dietz, Agnes Funken-Krups, Edmund Buchholz, Uli Caratiola und Manfred König.

Vielen Dank auch an den TuS - Niederberg, den TV - Pfaffendorf und die Schule für Körperbehinderte in Neuwied für die Bereitstellung der Turnhallen und Materialien.

Achtung

Alle hier vorgeschlagenen Übungen und Spielideen wurden von der Autorin sorgfältig erwogen und geprüft. Dennoch erfolgt ihre Durchführung auf eigene Gefahr und entbindet die Erwachsenen (Lehrer, Erzieher und Übungsleiter) nicht von der Beachtung individueller Gefahrenmomente und der Planung entsprechender Sicherheitsmaßnahmen.

Eine Haftung seitens der Autorin ist ausgeschlossen. Die Erwachsenen sollten eine Einverständniserklärung der Eltern einholen und sie über das Vorhaben (Massagen, nackte Haut und Körperkontakt) informieren, damit sie rechtlich abgesichert sind.

INHALTSANGABE

1. Vorwort:

Dieses Buch ist für alle, die sich um die Förderung unserer Kinder bemühen. Es geht nicht um endlose Theorie, die sich schwer in die Praxis umsetzen lässt, sondern um konkrete Beispiele für sinnvolle Bewegung und Förderung der Kinder.

Das Buch soll Hilfestellungen und Anregungen geben. Es richtet sich vor allem an den Vorschul- und Grundschulbereich.

Das Buch bietet einzelne Themengebiete, die in „normale Stunden" integriert werden können, sowie Stundenbeispiele und Kombinationsmöglichkeiten aus beidem.

Die Reihenfolge der Themen richtet sich nach der Chronologie der Kindesentwicklung, die Themen bauen aufeinander auf. Auf keinen Fall sollten Sie nun das Buch von vorne nach hinten durcharbeiten, sondern vielmehr einen sinnvollen Mittelweg finden, bei dem jedes Themengebiet seinen Platz bekommt und den Kindern ein abwechslungsreiches Programm geboten wird.

Die Wahrnehmungsschulung sollte immer wieder ein Stundenthema sein, wobei die Fingerspiele und die Entspannungen nur einen Teil einer Stunde einnehmen. Große Bauwerke bilden eine gesamte Stunde und sollten in der nächsten Stunde variiert wiederholt werden.

Ein guter Mittelweg in Bezug auf die Themen ergibt sich meines Erachtens durch periodenweises Vorgehen. Ich arbeite dabei meist von Ferien zu Ferien: Eine Sequenz Wahrnehmung; dann eine mit Fingerspielen, kleine Spiele und Entspannungen in Kombination; danach große Bauwerke und dann eine Sequenz Trampolin in Verbindung mit einem Wahrnehmungsparcours; den Rollbrettführerschein und dann Psychomotorik in Verbindung mit Rhythmik (Stundenbeispiele). Bin ich mit allen Themen durch, so beginne ich von vorne. Eine kurze Dokumentation der einzelnen Stunden erleichtert mir die Arbeit, da ich daran erkennen kann, wann ich was schon einmal durchgeführt habe. Denn auf längere Sicht gesehen kann ich mir die Themen der einzelnen Gruppen nicht merken. Der Vorteil der Sequenzen besteht eindeutig in der Möglichkeit, aufeinander aufzubauen und den Kindern die eigene Steigerung zu verdeutlichen.

Würde man jede Woche ein anderes Themengebiet ansprechen, hätten die Kinder keine Chance, sich auf die Themen intensiv einzulassen. Sie brauchen eine gewisse Zeit, sich an das Thema zu gewöhnen und die Möglichkeit vollkommen auszuschöpfen. Auch würden die Kinder sonst immer wieder am Anfang stehen und in ihrer Entwicklung nur langsam vorankommen. Gerade bei den großen Bauwerken, dem Trampolin und dem Rollbrett würde man immer wieder von vorne anfangen. Wie sollen sich die Bauwerke „perfektionieren" und erweitern, wenn das letzte Bauwerk so lange her ist, dass man sich nicht mehr daran erinnern kann? Jeder Handgriff muss neu ausprobiert, alle Handlungen müssen neu geplant werden, die Kinder können nicht auf Erlerntes und Automatisiertes zurückgreifen.

Möchte der Erwachsene mit einer neuen Sequenz beginnen, so sollte er dies den Kindern in der Stunde vorher sagen, damit sie sich darauf einstellen können.

Im wesentlichen orientiere ich mich bei der Darlegung der theoretischen Grundlagen an den Lehrwerken von Ernst J. Kiphard.

Aus Gründen der Leseflüssigkeit verwende ich hier die männliche Form und beschränke mich auf den Begriff Erwachsene.

2. Einleitung

Die Welt unseres Kindes ist buntes, schrilles, schnelles, lautes, erwachsenes und damit kinderfeindliches geworden.

Leider haben unsere Kinder kaum noch die Gelegenheit, vielfältige Körper- und Umwelterfahrungen zu erleben. Die Bewegungsfreiheit der Kinder ist sehr eingeschränkt, da das Spielen außerhalb der Häuser häufig zu gefährlich ist. Es gibt einfach zu viele Autos, zu wenig Spielplätze und zu wenig Platz zum Spielen.

Leider ist auch das Spielen mit wenigen, gut ausgesuchten Spielsachen heutzutage für die Kinder aus folgenden Gründen nicht möglich: Die meisten Kinder besitzen sehr viele Spielsachen, so dass eine Auswahl für die Kinder zu schwer ist. Beginnen die Kinder mit einem Gegenstand ihr Spiel, so werden sie im nächsten Augenblick von einem anderen Spielgegenstand abgelenkt und beginnen, mit diesem zu spielen. Aber auch bei diesem Spiel werden sie wieder abgelenkt. Die Kinder lernen nicht, sich intensiv mit einer Sache zu beschäftigen. Wer von uns hat sich noch nicht darüber geärgert, dass die Kinder sich nicht ausgiebig mit den Mathematikaufgaben beschäftigen, nicht ruhig sitzen und kein Gesellschaftsspiel zu Ende spielen können?

Leider haben die meisten Erwachsenen wenig Zeit, sich mit ihren Kindern zu beschäftigen oder halten es für unnötig, da es ja genügend „Ersatz" gibt. Statt den Kindern Bücher vorzulesen, werden CD´s gekauft. Statt gemeinsam ein Spiel zu spielen, bekommen die Kinder Computerspiele.

Es liegt mir fern, dies zu verurteilen. Auch die genannten Mittel sind nicht ohne Sinn, doch können Sie die gemeinsam verbrachten Stunden und ein intensives Kennenlernen der unterschiedlichen Spiele mit deren unterschiedlichen Anforderungen nicht ersetzen. Ich möchte damit nur aufzeigen, warum unsere Kinder so sind wie sie sind. Häufig sind sie laut, aggressiv, unruhig, unkonzentriert,... .

Folge: Die anfangs kleineren Problemchen werden sich im Laufe der Zeit zu ernsten Problemen steigern, das Verhalten der Kinder paßt dann nicht mehr in die gesellschaftliche Norm.

Konsequenz: Wir Erwachsenen **können etwas dagegen tun.** Wir können die Kinder dazu führen, wieder zu spielen und zu entdecken, ihren Körper und ihre Umwelt zu greifen und zu begreifen. Es ist nicht unsere Aufgabe, den Kindern den Körper und die Umwelt zu erklären, sondern ihnen die **Möglichkeit des Erfahrens und Erlebens zu geben.** Wir **können für sie da sein.** Kinder werden sich dann die Hilfen und Ratschläge holen, die sie tatsächlich benötigen und sich **ihren eigenen Weg suchen,** ohne von dem gesammelten Wissen der Erwachsenen „erschlagen" zu werden. Viele Erklärungen sind zu kompliziert, außerdem wollen die Kinder sie nicht bis ins Detail erfahren. Kinder möchten ihre **Erfahrungen selbständig machen** und sie nicht aus zweiter Hand hören. Stellen Kinder Fragen, so sollte der Erwachsene sie ehrlich beantworten, aber nur so weit, wie das Kind fragt und nicht ausschweifen.

3. Psychomotorik

Psychomotorik bezeichnet den **Zusammenhang** zwischen dem **Geist,** der **Seele** und der **willkürlichen Bewegung.** Geist und Körper stehen in so enger Wechselbeziehung, dass beide für eine Handlung unabdingbar sind.

Motorische Abläufe stehen in unmittelbarer Wechselwirkung zu psychischen (seelischen) und kognitiven (geistigen) Vorgängen. **Die Erweiterung der Handlungsfähigkeit bedeutet ein größeres Repertoire an Handlungs- und Reaktionsmöglichkeiten auf die Anforderungen der Umwelt.** Die ständige Verbesserung der motorischen Fähigkeiten bedeutet dadurch auch eine größere Unabhängigkeit und die Fähigkeit, soziale Gegebenheiten umzusetzen und sich Umweltsituationen anzupassen und adäquat reagieren zu können.

Jeder soll lernen, sinnvoll mit sich selbst und der Welt umgehen zu können. Die Voraussetzungen dafür sind körperliche Beweglichkeit, Reaktionsvermögen und Kontrolle. Ziel ist es, seinen Körper und dessen motorische Möglichkeiten besser kennen zu lernen, den Körper mit seinen Einschränkungen zu akzeptieren, sich mit ihm zu identifizieren und mit ihm selbständig und unabhängig zu werden, um sich in seinem Körper wohlzufühlen.

Ohne den Geist gibt es keine Bewegung, und der Geist kann ohne Bewegung nicht geschult und differenziert werden. Kinder wissen und spüren das, sie haben ein ungebrochenes Verlangen nach Wissen und erfahren es durch die Bewegung. Kinder lernen **vom Greifen zum Begreifen,** denn was sie durch Bewegungen und Aufnahme über die Sinne erlernen, wird im Gehirn gespeichert und ist jederzeit abrufbar. Durch die Speicherung ist es möglich, in ähnlichen Situationen schneller und adäquater zu reagieren, da ein Grundrepertoire an Lösungsmöglichkeiten vorhanden ist und nur noch geringfügig verändert werden muss. Bei Bewegungen, die nur theoretisch erlernt wurden, ist die Reaktionszeit wesentlich länger, da sie nur in der einen Situation abrufbar sind und nicht auf andere, ähnliche Situationen adaptiert (umgesetzt und angepaßt) werden können.

Der Bewegungsdrang unserer Kinder wird hauptsächlich von der unvermeidlichen Suche nach Neuem bestimmt. Der unermüdliche Forschungsdrang der Kinder wird in all den neuen und unbekannten Situationen zum Ausdruck gebracht. Kinder verspüren große Lust, Probleme heraufzubeschwören und sie dann zu meistern. Die Bewältigung neuer Situationen, also Probleme, ist für die Kinder die Befriedigung ihrer Lust. Bei jedem neuen Problem sind die schon gemachten Erfahrungen hilfreich. Sie werden von den Kindern angewandt und erweitert. Für Kinder bedeutet das Leben ein ständiges Wahrnehmen, Anpassen und Lösen von Problemen. Alles Neue und Unbekannte stellt für ein Kind ein Problem dar, mit dem es die Umwelt kennenlernt und verarbeitet. Bevor ein Kind jedoch die Umwelt begreifen lernt, muss es seinen eigenen Körper kennenlernen.

Kennenlernen bedeutet nicht nur zu wissen, wie die einzelnen Körperteile heißen, sondern mit dem Körper Bewegungserfahrungen zu sammeln. Der Körper soll über Körper– und Sinneserfahrungen sowie dem Zusammenspiel der Körperteile kennengelernt, bewusst erlebt und verstanden werden, um somit die Funktionen bewusst einsetzen zu können. **Mit seinem Körper bewusst umzugehen und sich seines Körpers bewusst zu sein, fördert das Selbstbewusstsein.** Was man kennt, kann man zielgerichtet einsetzen und seine Wirkung einschätzen. Um Kinder zu selbstbewussten Menschen zu erziehen, muss man ihnen die Möglichkeit zu bewussten Bewegungserfahrungen bieten. Dies kann man durch das gezielte Einsetzen der Psychomotorik: Wahrnehmungsspiele, Wahrnehmen über alle Sinne, kleine Spiele zur Förderung der allgemeinen und gezielten Bewegungserfahrung, kreative Bauwerke und Entspannungen.

Die Kinder müssen ihren eigenen Weg gehen, denn nur sie selbst wissen, an welchem Punkt ihrer Entwicklung sie stehen. Kinder merken es, indem sie eine extreme Lust verspüren, bestimmte Reize bis zum Exzess auszuführen. Häufig spielen Kinder stundenlang, ja sogar tagelang die gleichen Spiele oder führen sich die gleichen Reize zu, genau so lange, bis sie genügend Inputs bekommen haben und ihre Lust befriedigt ist. Erst dann geht das Kind an ein neues Problem. Die Erwachsenen sollten das Experimentieren der Kinder mit *seinem* Thema akzeptieren und nicht versuchen, den Kindern ein anderes Spiel aufzuzwingen, nur weil sie meinen, es wäre jetzt an der Zeit etwas Neues zu lernen.

Es ist wichtig für die Erwachsenen zu wissen, dass den Kindern zuerst Spiele zur körpereigenen Erfahrung angeboten werden sollten. Erst wenn die ´**Ichkompetenz**´ aufgebaut ist, kann das Kind sich mit der ´**Sachkompetenz**´ einlassen, also Materialerfahrungen sammeln. Danach kommt erst die ´**Sozialkompetenz**´, also das gemeinsame Spiel und Erleben mit anderen.

Natürlich haben die Kinder schon große Teile der ersten beiden Phasen vollzogen, bevor sie in den Kindergarten kommen, allerdings haben die meisten Kinder weiterhin ein großes Bedürfnis körpereigene Erfahrungen zu sammeln. Defizite in diesem Bereich können auch im Kindergarten, in der Schule oder im Verein aufgearbeitet werden. Das bedeutet nicht, dass stundenlang nur Körpererfahrung angeboten werden sollte. Vielmehr soll den Kindern je nach Entwicklungstand ein ausgewogenes Programm aller zur Verfügung stehenden Erfahrungsmöglichkeiten geboten werden.

Psychomotorik fördert das gezielte Einsetzen des eigenen Körpers, Planen und planvolles Handeln, Teamgeist, Kreativität, aber auch den Wunsch, das gesteckte Ziel zu erreichen. Das Gefühl, sein Vorhaben zu erreichen oder der Gewinner eines Spiels zu sein, macht Spaß und fördert die Motivation. Alle diese Dinge sind für die Entwicklung der Kinder notwendig. Es ist nicht ausreichend, wenn ein Kind immer nur in einer Gruppe Leistung bringen kann, es muss auch alleine eine Lösung finden. Das bedeutet aber nicht, dass die Kinder mit der Aufgabe und einem Problem auf sich alleine gestellt sind. Sie *können* sich jederzeit Hilfe und Anregung von anderen Kindern oder dem Erwachsenen holen, ohne dass sie dafür verurteilt werden. Es spornt außerdem an die Aufgabe ohne direkte Hilfen durch Erwachsene zu erreichen und bei einem Spiel einmal der Sieger zu sein. Für das spätere Leben sind beide Komponenten notwendig.

Es ist nicht sinnvoll, bei jedem Spiel einen Gewinner und einen Verlierer zu ermitteln, eher das Gegenteil. Jedes Kind ist sich selbst sein größter Gegner. Und doch ist die Erfahrung des Gewinnens für die Kinder notwendig, um im Alltag bestehen zu können. Wir Erwachsenen müssen aufpassen, dass beim Spielen kein Leistungsdruck entsteht, sondern nur ein gesunder und ausgewogener Wettbewerb.

Spielen soll Spaß machen, denn Spaß ist die größte Motivation, die es für Kinder gibt. Es wird ihnen die Chance gegeben Neues zu erforschen und ihre persönliche Arbeit zu steigern. Leidet ein Kind unter Leistungsdruck, geht es nicht mehr mit Spaß an die Sache heran und wird unmotiviert immer auf der Stelle treten. In der Psychomotorik werden hauptsächlich Spiele durchgeführt, die das Sozialverhalten fördern. Aber auch Spiele mit kurzfristigen Gewinnern wie „Schwarzer Mann" (vgl. 7.2.1.1) und Gruppengewinnern wie beim „Schweinchen treiben" (vgl. 7.2.2.3) liefern den Kindern wichtige Erkenntnisse und werden angewandt.

Der Begriff ´Spiel´ wird in der Psychomotorik nicht nur für herkömmliche Spiele wie Fangen, Brettspiele oder Volleyball verwendet, sondern auch für freies Bauen, Wahrnehmungsschulung und Trampolinspringen. **Das Spiel ist für Kinder harte Arbeit. Sie erarbeiten sich Umwelterfahrungen, schulen ihre Bewegungen und fördern die Problembewältigung.** Ein Kind benötigt nicht nur die Befriedigung des primären Bedürfnisse wie Essen, Kleidung und emotionale Geborgenheit, sondern auch intensives Spielen in allen Variationen um heranzuwachsen und ein gesellschaftsfähiger Mensch zu werden.

In der Psychomotorik geben wir den Kindern die Chance, in einem geschützten Rahmen frei zu spielen, ohne Druck und enge Vorgaben. Kinder dürfen z.B. beim freien Bauen alles tun, so lange sie sich und die anderen nicht gefährden. Natürlich müssen die Rahmenbedingungen wie Zeit, Material und feste Gruppenregeln eingehalten werden. Doch ist es egal, wie das Bauwerk auszusehen hat. Anders ist es bei der Durchführung von kleinen Spielen. Hier müssen sich die Kinder an die Regeln halten. Jedoch werden in der Psychomotorik die Spielregeln nicht vom Erwachsenen vorgegeben, sondern von der Gruppe erarbeitet. Das hört sich alles sehr freizügig an, doch die Kinder werden die selbst aufgestellten Regeln besser akzeptieren und auch bei anderen auf deren Einhaltung bestehen.

Wichtig ist bei allem, dass wir die Kinder genau so annehmen, wie sie sind und an dem Punkt ansetzen, wo sie gerade in ihrem Entwicklungsstand stehen. Dies bedeutet, dass wir evtl. einen Schritt zurück gehen sollten und dem Kind dadurch die Chance geben erfolgreich zu sein. Dadurch haben Kinder Erfolgserlebnisse, die ihr Selbstwertgefühl steigern. Sie wagen sich dann auch an scheinbar unüberwindbare Hindernisse. Es ist für jeden frustrierend, wenn er immer wieder mit seinen Schwächen konfrontiert wird. **Deshalb darf in der Psychomotorik jedes Kind sein eigenes Tempo wählen und muss sich nicht an dem orientieren, was der Erwachsene für richtig erachtet.**

4. Wahrnehmung

Neben der wichtigen und grundlegenden Förderung der Sinnesorgane dehnen wir den Begriff der Wahrnehmungsschulung auf die Reizaufnahme, Weiterleitung und Reizverarbeitung aus. **Je besser die Reize aufgenommen und verarbeitet werden können, desto besser kann die Umwelt begriffen werden, und ein adäquates Handeln wird möglich.**

Viele unserer Kinder leiden unter einer einseitigen Reizaufnahme. Sie werden Tag und Nacht mit Geräuschen konfrontiert und leben in einer stark visuell orientierten Umwelt. Überall werden sie mit Bildern konfrontiert, vor allem das Fernsehen bietet eine große Reizquelle. **Durch diese oft ständige Reizüberflutung werden die Kinder einem ungeheuren Stress ausgesetzt, den sie noch nicht verarbeiten können.** Sie leiden dann häufig unter Schlaflosigkeit, Alpträumen, Unruhe oder Leistungsabfall.

Die Kinder brauchen viel Zeit, diese enormen Reize unter Kontrolle zu bringen. Diese Zeit geht ihnen aber für wichtige Dinge verloren. Sie haben keine Möglichkeit, die anderen Sinne zu schulen, da immer der Sehsinn und der Hörsinn in den Vordergrund treten. So haben die Kinder auf der einen Seite einen Reizüberschuss, während sie auf der anderen Seite unter einem Reizmangel leiden. Diese Unausgewogenheit lässt die Kinder zu unausgeglichenen und unzufriedenen Menschen werden. Sie sind frustriert und versuchen, ihre Bedürfnisse auf anderem Wege zu befriedigen. Dies ist aber kein Ersatz und so stehen die Kinder immer im Wechsel zwischen dem enormen Stress der Reizüberflutung und dem Mangel an Lustbefriedigung. Die Bedürfnisbefriedigung ist für die Kinder aber genauso wichtig wie Essen oder Schlafen.

In der Psychomotorik kann ein Ausgleich der Reizverteilung geschaffen werden. Zum einen dadurch, dass der Sehsinn möglichst in den Hintergrund tritt, also keine extremen visuellen Reize auf das Kind einströmen, auf der anderen Seite durch eine intensive Reizung der vernachlässigten Sinne. Hierbei sind vor allem die **körpernahen Sinne** wichtig. Das sind der Gleichgewichtssinn *(vestibuläre)*, der Tastsinn *(taktile)* und der körpereigene *(kinästhetische)* Sinn. Wenn sich die Kinder ausgiebig mit diesen Reizen auseinander gesetzt haben, können sie sich auch den **körperfernen Sinnen** widmen und diese schulen. Die körperfernen Sinne sind der Sehsinn *(visuelle)*, Hörsinn *(akustische)*, Geruchssinn *(olfaktorische)* und Geschmackssinn *(gustatorische)*. Auf die Schulung des Sehsinns sollte, wie oben schon erwähnt, in der Sportstunde weitestgehend verzichtet werden. Nur wenige, ruhige und einseitige Reize des Sehsinns sollten angewendet werden, kein hektisches Flimmern, grelle Farben oder schnelle Bildwechsel. Auch sollte der Raum an sich sehr reizarm (möglichst hell und einfarbig) sein.

Da im Alltag die körperfernen Sinne immer wieder gereizt werden, z.B. beim Essen, Sprechen, Musik hören und Sehen von all dem Unbekannten, sind sie hier nur kurz gefasst. Der ganze Alltag bietet eine Fülle von Reizen für die Kinder, nur die taktilen und vestibulären werden von den Erwachsenen unterbunden. Immer sollen die Kinder stillsitzen, ruhig stehen und nicht so zappeln.

Wichtig ist bei den körperfernen Sinnen eine Förderung der Differenzierungsfähigkeit. Die anderen Sinne bedürfen einer intensiven Schulung. Sie sind auch bei den Kindern sehr beliebt, sie können oft nicht genug davon bekommen. Das ist ein Zeichen dafür, dass sie ihre Lust und ihr Bedürfnis an diesen Reizen noch nicht gestillt haben. Deshalb habe ich dafür einige unterschiedliche Spiel- und Fördermöglichkeiten in diesem Buch gesammelt.

Die Förderung der Sinne kann durch einen Wahrnehmungsparcours in der Turnhalle am sinnvollsten durchgeführt werden. Bei einem Parcours gibt es genügend Stationen, so dass sich jedes Kind die nach seiner Auffassung interessantesten aussuchen kann, und es kommt keine Langeweile auf. Wie Sie den Parcours zusammenstellen, liegt an den örtlichen Gegebenheiten und an Ihrer Gruppe. Sinnvoll ist, für jeden ´Sinn´ mehrere Stationen aufzubauen, damit mehrere Kinder sich mit dem gleichen Sinn beschäftigen können. Wichtig ist, in einer Stunde mehrere Sinne anzusprechen, damit die Kinder keiner einseitigen Reizüberflutung ausgesetzt sind, sondern je nach Bedarf verschiedene Reize aufnehmen können. Eine langsame und sinnvolle Schulung und Differenzierung der Sinne ist wesentlich effektiver und hat den Vorteil, dass es den Kindern nicht zu viel wird, sondern das Ganze einen spielerischen Charakter behält.

Für fast alle Stationen wird ein Partner benötigt, den man verwöhnt, um danach selbst verwöhnt zu werden. Die Durchführung eines Wahrnehmungsparcours umfaßt *eine* Unterrichtsstunde.

Einige Übungen sollten auf der nackten Haut durchgeführt werden. Jedes Kind entscheidet für sich, wo, wer und wie es verwöhnt werden möchte. Kinder, die den nackten Bauch oder Rücken nicht zeigen möchten, können dies sagen, und es wird akzeptiert, ohne es zu thematisieren. Alternativ ist es auch möglich, über dem T-Shirt oder auf den Armen und Beinen zu verwöhnen. Egal, wie sich die Kinder entscheiden, es ist vollkommen in Ordnung, wird akzeptiert und nicht verurteilt. Sobald ein Kind genug von einer Übung hat, kann es dies zum Ausdruck bringen und der Partner hört sofort damit auf. Beide Punkte sollten den Kindern immer wieder gesagt werden. Jedes Kind darf für sich selbst entscheiden! Diese Regeln sollte der Erwachsene festlegen und den Kindern verdeutlichen.

4.1 Förderung der taktilen und körpereigenen Wahrnehmung:

Der Tastsinn und die Eigenwahrnehmung:

Kinder wollen und müssen alle Dinge anfassen und berühren, denn das ist die ihnen vertrauteste Art ihre Umwelt kennen zu lernen und zu erfahren. Auch Erwachsene brauchen manchmal Berührungen um sich zu vergewissern, ob z.B. die Farbe neben dem Schild „Frisch gestrichen" auch wirklich noch feucht ist.

Die Haut ist das größte sensorische Organ des Körpers. Dicht unter der Haut sitzen Tastkörperchen. Über den Tastsinn nehmen wir nicht nur **passive Berührungen** wahr, wir setzen ihn bewußt ein und **erkunden damit unsere Umwelt.** Viele Eigenschaften eines Gegenstandes können wir durch das Ertasten herausfinden (Größe, Form, Oberflächenbeschaffenheit, Konsistenz, Gewicht und Temperatur).

Kinästhesie bedeutet die **Wahrnehmung der Raum-, Zeit-, Kraft- und Spannungsverhältnisse der eigenen Bewegung.** Durch die im ganzen Körper verteilten Rezeptoren erhalten wir Informationen aus dem Körperinneren. Diese Eigenwahrnehmung baut sich auf das Körperschema auf. Durch ihn kann das Kind die Grenzen des eigenen Körpers erfassen und eine Vorstellung über ihn entwickeln.

Er gibt Informationen über die **Stellungsempfindungen,** sie ermöglicht uns auch im Dunkeln die Lage der einzelnen Glieder und Stellung der Gelenke zueinander zu erfassen. Über die **Bewegungsempfindungen,** die uns auch ohne visuelle Kontrolle eine Veränderung der Gelenkstellung ermöglicht, während gleichzeitig die Richtung und Geschwindigkeit der Bewegung wahrgenommen wird. Über die **Kraftempfindungen** die uns die Information über das benötigte Ausmaß an Muskelkraft für eine Bewegung liefert. Und über die **Spannungsempfindung.** Er gibt uns Informationen über den Grad der Muskelspannung und damit die Voraussetzung für die willentliche Beeinflussung des Spannungsgrades der Muskulatur.

Kinder haben großen Spaß die Umwelt mit und durch ihren Körper zu erfahren.

- Den ganzen Körper eincremen.
- Die nackte Haut (Arme, Beine, Gesicht und evtl. den Rücken oder Bauch) mit einem Fön wärmen. Die Haut kann vorher angefeuchtet werden.
- Mit einem Igelball oder Holzmassagegerät den Körper verwöhnen und massieren.
- Die Haut mit verschiedenen Stoffen, Fellen, Leder, Federn, Bürsten und Schwämmen abreiben.
- Sich selbst oder den Partner mit Schminkfarben bemalen. Schön ist es, wenn die Kinder sich nachher im Spiegel betrachten können.
- Den Körper mit **Bierdeckeln** belegen und sich herausschütteln.
- Den Körper mit **Sandsäckchen** belegen. Langsam alle Säckchen auflegen, einen Moment warten, die meisten Säckchen wieder abnehmen. Einige Säckchen sollen liegen bleiben, der Liegende soll nun herausfinden, wo sich noch Säckchen befinden. Er darf sich dabei nicht bewegen. Am Anfang wird er nicht alle Orte herausfinden, doch nach einiger Übung geht es besser. Sind nicht alle Säckchen gefunden, so werden diese einfach langsam nacheinander abgenommen, damit der Liegende spürt, wo noch welche lagen.
- Den (am besten nackten) Bauch oder Rücken mit kleinen **Holzstäbchen** bewerfen. Die Stäbchen einzeln oder in kleinen Gruppen fallen lassen. Angenehm ist es auch, die liegenden Stäbchen herunterkullern zu lassen.

- Mit **Murmeln** den Bauch oder Rücken massieren oder die Murmeln über den Körper rollen lassen. **Niemals die Murmeln fallen lassen!** Dabei das Kind auf eine Wolldecke legen oder Stäbe um den Platz legen, damit die Murmeln nicht durch die ganze Halle rollen.
- Den Körper mit **Seilen** oder Bleibändern belegen, wobei die Seile wie Schlangenlinien auf dem Körper verteilt werden. Beim Herunternehmen der Seile werden entweder alle wieder so herunter genommen, wie sie aufgelegt wurden, oder man zieht sie an einem Ende herunter.
- Auch **Wäscheklammern** bieten einen großen Spielreiz. Sie können an der Haut angeheftet werden. Es sollte nur darauf geachtet werden, dass sie nicht zu lange am Körper befestigt bleiben.
- Den Körper mit Seilen umlegen, den Körper quasi abmalen.

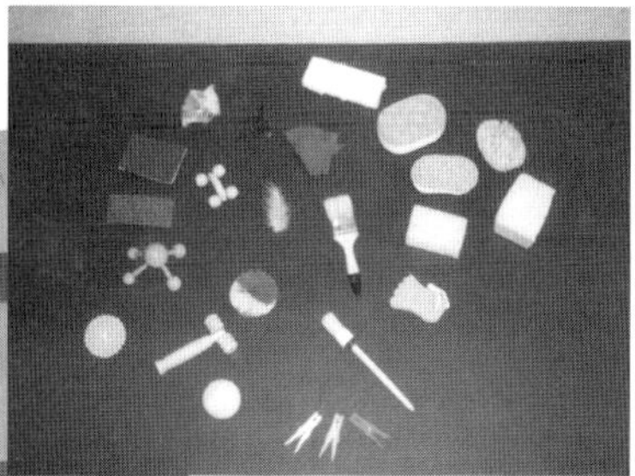

Taktiles Material

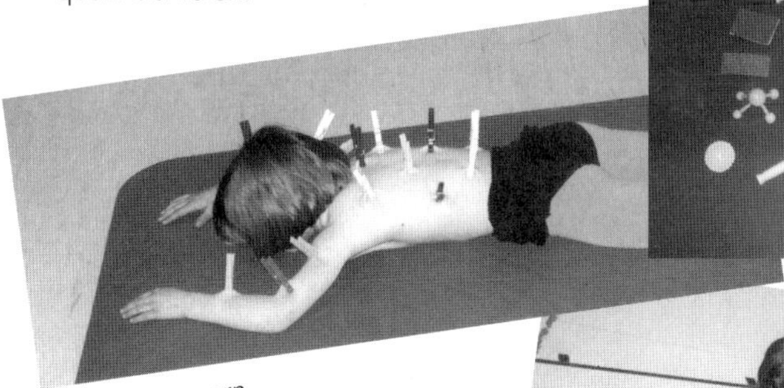

Wäscheklammern

Bierdeckel

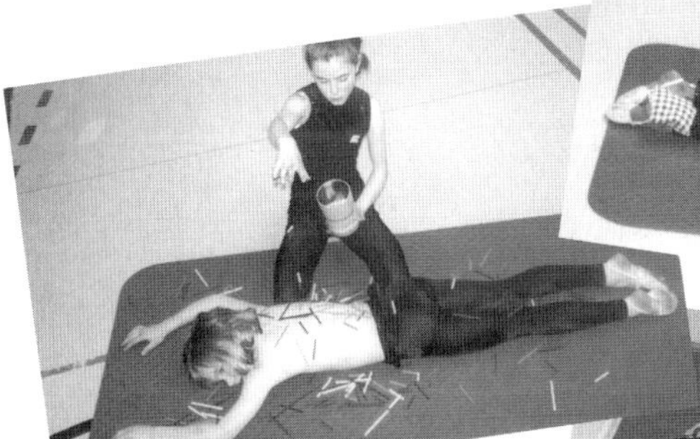

Holzstäbchen

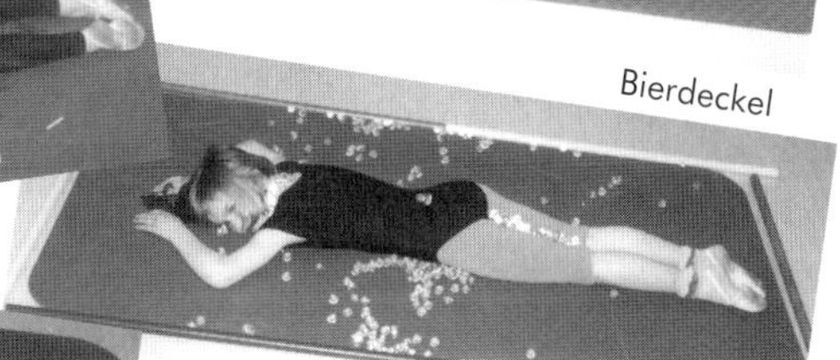

Murmeln

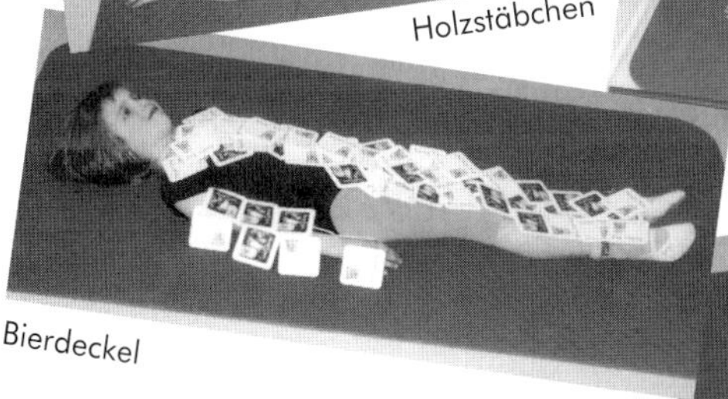

Bierdeckel

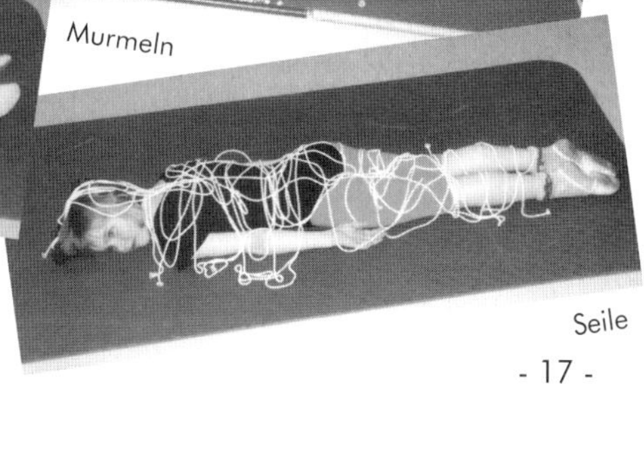

Seile

- In einen **Sack** oder **Karton** verschiedene Materialien hineinlegen, die dann ertastet werden können. Das könnten zum Beispiel Bausteine, Puzzleteile, Watte, Tennisbälle, Stofftiere, Tischtennisbälle, Überraschungseier, Felle, Leder, Schmirgelpapier, Taschentücher sein.
- In Suppenteller verschiedene Materialien füllen und sie dann mit den Händen oder dem Gesicht fühlen lassen. Geeignete Materialien sind: Wasser, Sand, Watte, Erbsen, Linsen, Creme, Murmeln, Rasierschaum oder Fell.
- Aus verschiedenen Stoffresten, Fellen, Leder und Schmirgelpapier eine große Decke nähen und darüber rollen, krabbeln oder sich damit zudecken.
- Mit Medizinbällen und anderen schweren Gegenständen den Körper belegen, das Gewicht einige Zeit auf sich wirken lassen und sich herausschütteln, sich herumdrehen oder hochdrücken, sich mit dem Gewicht auf dem Körper alleine befreien und aufstehen.
- **Tastbretter** herstellen, um darüber zu laufen und darüber zu krabbeln. Sie sind ganz leicht herzustellen: Holzbretter etwa 15 x 20 cm (60 Stück kosten etwa 40,00 DM), werden mit Resten von Tapeten, Teppichen, Kork, Leder, Fellen, Jute, Stoffen, Filz, Watte, Aluminium, Wellpappe, Goldfolie, Gummi, Styropor usw. beklebt.
- Mit den gleichen Materialien kann man auch ein Memory oder Lotto herstellen.

  Für ein **Memoryspiel** werden jeweils zwei gleiche Karten benötigt, sie werden verdeckt hingelegt. Nun darf der Reihe nach jedes Kind zwei Kärtchen anheben (nicht aufdecken) und befühlen. Sind die Karten gleich, darf das Kind sie behalten, fühlen sie sich unterschiedlich an, so werden sie wieder zurückgelegt.

  Für ein Lotto werden mehrere Platten mit jeweils sechs oder neun unterschiedlichen Materialien und dazu passende Kärtchen benötigt. Jedes Kind bekommt nun eine Platte, die Kärtchen werden verdeckt in die Mitte gelegt. Der Reihe nach darf nun jedes Kind ein Kärtchen anheben (nicht aufdecken) und befühlen. Befindet sich das gleiche Material auf der Platte, so darf das Kind das Kärtchen auf seine Platte legen. Ist es ein anderes Material, so wird es wieder in die Mitte gelegt.
- Viele **Gymnastikstäbe** mit einer Isomatte bedecken und sich dann darauf hin und her ziehen lassen. Dazu kann der Partner leicht an der Isomatte ziehen. Die Kinder können sich auch ohne Isomatte auf die Stäbe legen und sich vorsichtig ziehen lassen.
- Toben und ausruhen in einem **Bällebad.** Das kann auch ein mit Tennisbällen gefülltes Kastenteil sein. Ausrangierte Tennisbälle kann man oft kostenlos von einem Tennisclub geschenkt bekommen.

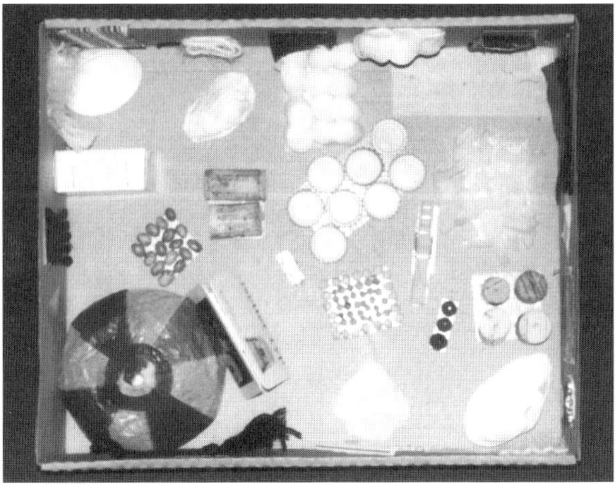
Tastkarton

Tastsack

Bällebad

Tastmemory

Tastbretter

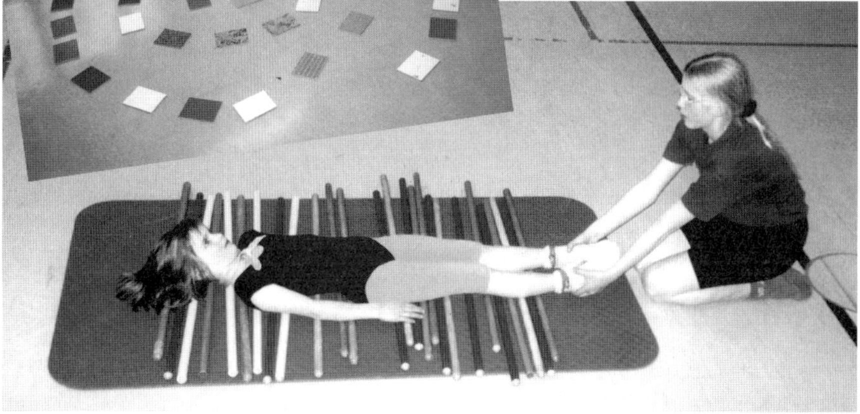

Gymnastikstäbe

- Einige Kinder legen sich auf eine Weichbodenmatte während die anderen Kinder eine zweite Weichbodenmatte auf die liegenden Kinder kippen. Nun können auch noch einzelne Kinder auf das „Sandwich" klettern. Achtung: Auf die Reaktion der liegenden Kinder nicht achten.
- Hände und Füße in eine **Schüssel mit Erbsen,** Linsen oder Muggelsteinen vergraben. Auch andere Gegenstände aus der Schüssel heraussuchen, macht großen Spaß.
- Leichten **Druck und Zug** auf die Gelenke ausüben, zum Beispiel ein Kind auf einem Schaukelbrett oder in einer Hängematte an den Armen und Beinen ziehen.
- Verschiedene Gegenstände aufhängen. Die Kinder gehen mit verbundenen Augen unter den Materialien durch und ertasten alle Gegenstände. Danach bekommen sie von ihrem Partner den Auftrag zu einem bestimmten Gegenstand zu gehen. Zum Aufhängen eignen sich alle alltäglichen Materialien, z.B. Spülbürsten, Schwämme, Handtücher, Waschlappen, Kochlöffel, Schneebesen, Topfdeckel, Strümpfe, Hosen, T-Shirts, Stifte...
- Der Erwachsene kann eine Tastlandschaft aufbauen, die die Kinder erforschen können. Das kann z.B. ein Zoo sein, bei dem die Kinder die Tiere und unterschiedlichen Gehege fühlen und ertasten können.
- Mit verbundenen Augen **Gegenstände ertasten** (Kastanien, Erbsen, Tannenzapfen, Blumen, Rasierschaum, Ball ...) und das Wort mit **Tastbuchstaben** (aus Sandpapier oder Schmirgelpapier leicht herzustellen) legen.

Tastbuchstaben

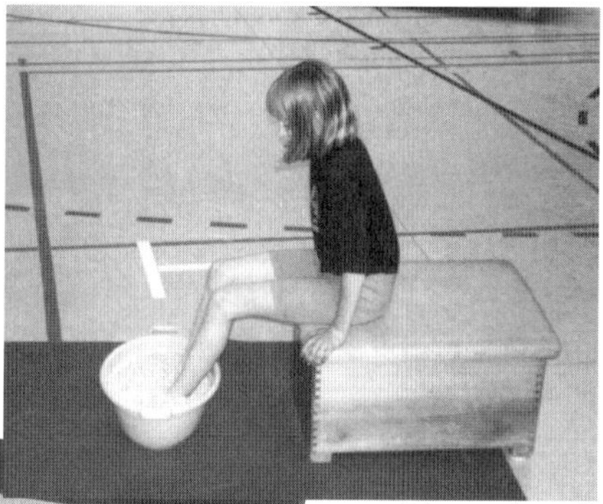
Erbsenschüssel

Erbsenschüssel

Druck und Zug

4.2 Förderung der vestibulären Wahrnehmung

Der Gleichgewichtssinn:

Alle Lebewesen müssen sich mit der Anziehungskraft des Untergrundes auseinandersetzen. Die Voraussetzung hierfür liefert uns das Gleichgewichtssystem, es ist für die Aufrechterhaltung des Körpers und die **Orientierung im Raum** verantwortlich. Es befähigt uns außerdem **Beschleunigungen und Drehbewegungen wahrzunehmen** und uns darauf einzustellen.

Der Gleichgewichtssinn ist eng mit der Eigenwahrnehmung verbunden, sie arbeiten bei der Aktivität des Körpers Hand in Hand.

Langsame und gleichmäßige vestibuläre Stimulationen (z.B. Schaukelstuhl) haben eine beruhigende Wirkung auf unseren Körper. Während schnelle und aktive Stimulationen (z.B. Rollbrett, Schaukel) unseren Organismus beleben und unsere kognitive Aufmerksamkeit steigern.

Der Vestibularapparat befindet sich in den drei Bogengängen im Innenohr. Alle Teile des Gleichgewichtssinnes dienen der Registrierung von Beschleunigung und Lageveränderung und damit der Orientierung im Raum.

Überstarke und langandauernde Reize können zu Reaktionen des vegetativen Nervensystems führen und Übelkeit oder Schweißausbruch hervorrufen.

Die Bereiche der vestibulären Wahrnehmung umfaßt das **statische Gleichgewicht** (im Stand halt suchen), das **dynamische Gleichgewicht** (Aufrechterhaltung bei Bewegungen), das **Objektgleichgewicht** (Balancieren von Materialien) und **das Gleichgewicht auf verschieden artigem Untergrund** (Balancieren auf Materialien).

Kinder haben nicht nur großen Spaß an der vertibulären Stimulation, sie versetzen sich und ihren Körper in anregende oder beruhigende Phasen und beeinflussen damit positiv ihre kognitive Leistung.

- **Schaukeln** jeder Art, egal ob mit dem Schaukelbrett, den Schaukelringen oder den Tauen;
- Schaukelmöglichkeiten, bei denen man sich **eindrehen** kann; (Auch wieder an den Tauen und Ringen möglich.)
- Springen und Wippen auf einem Fun-Hop, einem Luftkissen, oder einer dicken Matte;

eindrehen

Schaukelbrett

- Herunterspringen und **Fallenlassen** von niedrigen und auch höheren Türmen auf eine dicke Matte, auf einen Autoreifen, auf ein Luftkissen oder in ein Bällebad;
- Eine dicke Matte aufstellen und sich gemeinsam mit ihr umfallen lassen; **Achtung:** je nach Beschaffenheit der Matte könnte sie reissen.
- Über eine **Wippe** balancieren; Diese kann man leicht aufbauen, indem man ein Brett über eine Bank, einen kleinen Kasten oder einen Wippklotz oder zwei sich gegenüberliegende Sprungbretter legt.
- **Seilspringen** (selbst drehen oder drehen lassen) alleine, zu zweit oder in der Gruppe;
- Gummitwist

Fallenlassen

Wippe

Seilspringen

- Eine **schiefe Ebene** herunterrutschen und rollen, seitlich, vorwärts oder auch rückwärts; Kinder, die sicher ein Rad schlagen können, dürfen auch dies ausprobieren.
- Bälle unter eine dicke Matte legen und über die Matte gehen und rennen; Einen ähnlichen Effekt erzielt man auch, wenn Stäbe oder Rollbretter unter eine dünne Matte oder Isomatte gelegt werden.
- Spaß bereitet es außerdem, mit Anlauf auf eine dicke Matte zu springen und diese damit fortzubewegen.

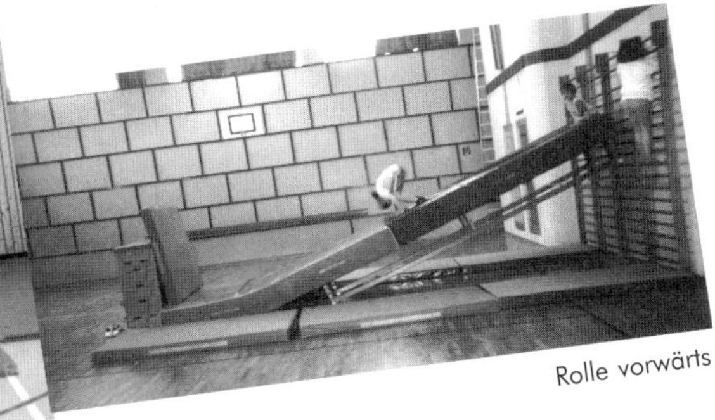

Rolle vorwärts

Rolle rückwärts

Rad

Baumstamm rollen

- Sich in mehrere aneinander gebundene **Autoreifen** oder ein **Spielfass** legen und damit durch die Halle rollen.
- Auf einem **Standkreisel** stehen und drehen, auch im Einbeinstand möglich.
- Sich in einen Spielkreisel/**Therapiekreisel** setzen und selbständig drehen und kreisen.
- **Pedalo** fahren
- **Balancieren** über eine Bank (auch umgedreht möglich), einen Schwebebalken, eine Reckstange mit Sicherheitsstange oder Sicherheitsseil;

Spielfass

LKW Reifen

Therapiekreisel

Pedalo

Balancieren

Standkreisel

- Über eine **Wackelbrücke** gehen und krabbeln; Dazu werden Seile an beiden Holmen eines Barrens befestigt. Es ist auch möglich eine Bank auf die Seile zu legen und darüber zu balancieren.
- In Bauchlage auf einem **Schaukelbrett** oder in einer Hängematte schaukeln und dabei Säckchen, Bälle oder andere Gegenstände vom Boden aufheben und in einen Kasten legen oder werfen.
- Roller oder Fahrrad fahren;
- Karussel: eine Bank umgedreht auf ein Rollbrett legen oder ein **„Varussell"** aufstellen.
- Über eine **Sprossenwippe** balancieren oder zu zweit wippen.
- Gruppenski
- Balancierparcours
- Auf einer **Balancierwippe** stehen, liegen oder sitzen. Auch darüber krabbeln und gehen ist möglich.

ohne Bank

ohne Bank

mit Bank

mit Bank

Wackelbrücken

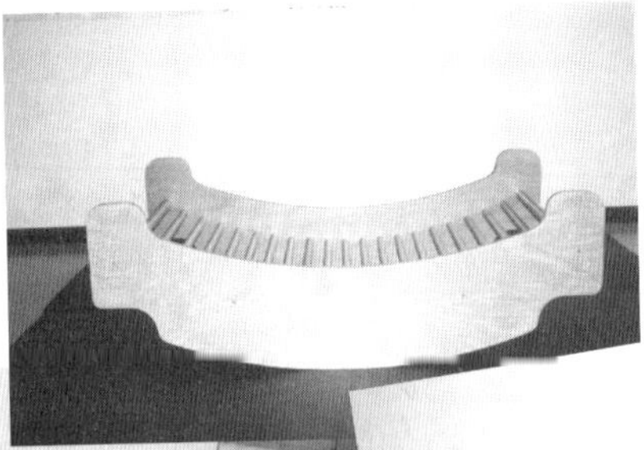

Sprossenwippe

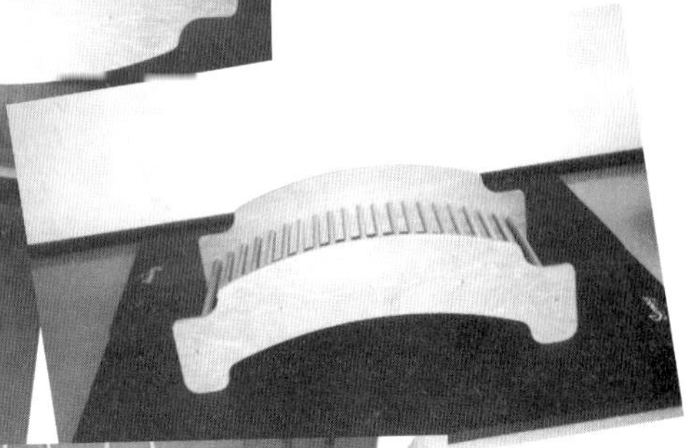

Karusell

Schaukelbrett
mit Zielwurf

Balancierwippe

Balancierparcours

4.3 Förderung der olfaktorischen Wahrnehmung

Der Geruchsinn:

Gerüche lösen in uns auch komplexe Empfindungen aus und umgeben unser tägliches Leben. Viele Gerüche wecken in uns Erinnerungen und Erlebnisse, die auch noch nach Jahren wieder gegenwärtig werden, sobald dieser bestimmte Geruch in Erscheinung tritt. So erinnert uns z.B. der Geruch einer Tanne an Weihnachten und Kaffeeduft an das Frühstück.

Der Mensch kann viele verschiedene Duftstoffe unterscheiden. Allerdings ist die Schärfe der Unterscheidung nicht so eindeutig und klar wie beim Geschmackssinn. Dehalb können wir die Gerüche nur in bestimmte Geruchsgruppen einteilen, **blumig** (z.B. Rosenduft), **faulig** (z.B. Schwefelwasserstoff), **moschusartig** (z.B. Moschus), **stechend** (z.B. Essigsäure), **ätherisch** (z.B. Birne) und **kampferartig** (z.B. Eukalyptus).

Der Geruchssinn reagiert auf chemische Reize. In der Riechschleimhaut, sie befindet sich im obersten Nasengang, liegen die Riechzellen. Diese weisen besondere Sinneshärchen auf, die mit einem dünnflüssigem Schleim bedeckt sind. In ihm werden die Moleküle gelöst, die den Duft ausgelöst haben.

Mit dem Geruchssinn kann man experimentieren, sollte ihn aber nicht überstrapazieren, da sich die Duftmoleküle in den Nasenschleimhäuten festsetzen und dort eine zeitlang haften bleiben.

Kindern bereitet das Experimentieren mit Gerüchen meist viel Spaß und fördert dadurch die Unterscheidungsfähigkeit.

- Mit verschiedenen Gerüchen ein Labyrinth erstellen. Bei jedem blumigen Geruch muss man nach rechts gehen, bei Fauligem nach links, stechendem geradeaus und kampferartigem zurück.. Am besten die Geruchsproben auf die Erde stellen und die Kinder mit geschlossenen Augen liegend auf einem Rollbrett durch den Paucours fahren lassen. Dieses Spiel erfordert von den Kindern schon eine genaue Differenzierung. Die Geruchsrichtungen sollten vorher mit den Kindern erarbeitet werden und können alle 6 in einem Labyrinth verwendet werden. Das Labyrinth kann vereinfacht werden, indem die Kinder den Auftrag erhalten bei einem angenehmen Geruch geht es weiter, bei unangenehmen muß eine neue Richtung eingeschlagen werden. Bei dieser Spielvariante gibt es verschiedene Lösungsmöglichkeiten, da die Empfindung von angenehm und unangenehm sehr subjektiv ist.
- **Geruchsdosen** sind leicht aus gleichfarbigen, undurchsichtigen Filmrollen mit Löchern im Deckel herzustellen. Von jedem Geruch werden immer zwei Dosen benötigt, diese werden zur Kontrolle auf der Unterseite farblich markiert. Nun müssen die Kinder die Dosen anhand der Gerüche sortieren und können sich selbst am Ende anhand der Farbmarkierungen kontrollieren. Mögliche Gerüche: Zimt, Essig, Pfeffer, Kamille, Nelken, Zitronensaft oder geriebene Zitrone, Oregano, Kümmel, Knoblauch, Rosenwasser, verdünnte Duftöle (Flüssigkeiten auf Watte auftragen)

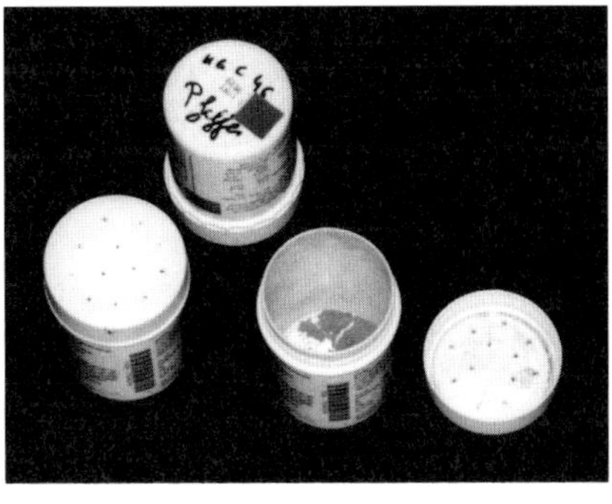

4.4 Förderung der gustatorischen Wahrnehmung

Der Geschmacksinn:

Erst durch den Geschmackssinn können wir die Nahrung genießen und von einander unterscheiden. Dabei haben der Geruchs- und Geschmackssinn eine sehr enge Verbindung. **Wir können über die Geschmacksknospen auf der Zunge im wesentlichen vier Geschmacksrichtungen differenzieren.** Alle weiteren Unterscheidungen sind nur durch das Zusammenspiel mit dem Geruchssinn möglich. Die Geschmacksknospen sprechen nur auf wasserlösliche Stoffe an. Den Geschmack von festen Stoffen können wir erst durch deren Auflösung durch den Speichel wahrnehmen. Die Geschmacksempfindung umfasst vier Grundqualitäten, **süß** und **salzig** werden hauptsächlich an der Zungenspitze wahrgenommen, während **sauer** hauptsächlich am Zungenrand wahrgenommen wird und **bitter** hauptsächlich am Zungengrund.

Aus der Mischung dieser Grundqualitäten ergeben sich die vielen erschiedenen Geschmacksrichtungen, die wir im Alltag empfinden.

Kinder finden es zunächst meist verwirrend die verschiedenen Geschmacksrichtungen ohne Beteiligung der anderen Sinne zu erfahren, kennen- und unterscheiden zu lernen.

- Die Kinder haben die Augen verbunden und der Erwachsene legt jedem Kind ein Stückchen Apfel (oder anderes Obst) in den Mund. Die Kinder müssen nun herausfinden, um was es sich handelt. Dies kann man auch einmal mit zugehaltener Nase ausprobieren.
- Die verschiedenen Geschmacksrichtungen zum Probieren aufstellen: süß: Honig und Zucker, salzig: Salzstangen und Salz; sauer: Zitrone und saure Pommes Frittes; bitter: Bittermandel und Bitterlemon

4.5 Förderung der akustischen Wahrnehmung

Der Hörsinn:

Über das auditive System können wir Töne, Klänge und Geräusche wahrnehmen und unterscheiden. Es hat außerdem eine grundlegende Funktion für die **Kommunikation** und ist Voraussetzung für die **Sprachentwicklung und Sprachverständnis.** Außerdem können wir über das Hörorgan **Entfernung und Richtung einschätzen,** was uns eine **akustische Raumerkennung** ermöglicht.

Die auditive Wahrnehmung kann in sechs Bereiche aufgeteilt werden.

Um Reize richtig aufnehmen und verarbeiten zu können, muss man sich auf das Gehörte konzentrieren, die **auditive Aufmerksamkeit.** Die **auditive Figur-Grundwahrnehmung** ist die Fähigkeit Reize aus den Nebengeräuschen herauszulösen. In der **auditiven Lokalisation** kann man eine Geräuschquelle räumlich einordnen. Bei der **auditiven Diskrimination** können Ähnlichkeiten und Unterschiede zwischen Lauten und Tönen erkannt und zugeordnet werden. **Auditive Merkfähigkeit** bedeutet, daß Gehörtes gespeichert, wieder erkannt und wieder abgerufen werden kann.

Wichtig ist nicht nur das Verstehen, sondern auch das inhaltliche Zuordnen des Gehörten, also das Verstehen des Sinnbezugs.

Die Förderung der auditiven Wahrnehmung in der Turnhalle umfasst alle aufgeführten Punkte, wobei z.B. Punkt 6 keine gesonderte Förderung im Parcours erfährt, sondern beim Erklären der Regeln und Spiele immer wieder erfolgt.

- Geräuschelotto: Verschiedene Alltagsgeräusche auf Kassette aufnehmen und zuordnen lassen.
- Mit geschlossenen Augen einem Regenmacher, Klanghölzern und anderen Musikinstrumenten zuhören und sie erkennen.
- **Geräuschedosen** herstellen (ähnlich wie die Geruchsdosen). Die Dosen können mit Sand, Steinen, Erbsen, Linsen, Knöpfen und unterschiedlichen Mengen gefüllt werden. Von jedem Geräusch werden unten zwei farbig markierte Dosen benötigt. Die Geräusche müssen zugeordnet werden.
- Das Spiel Roboter, vgl.

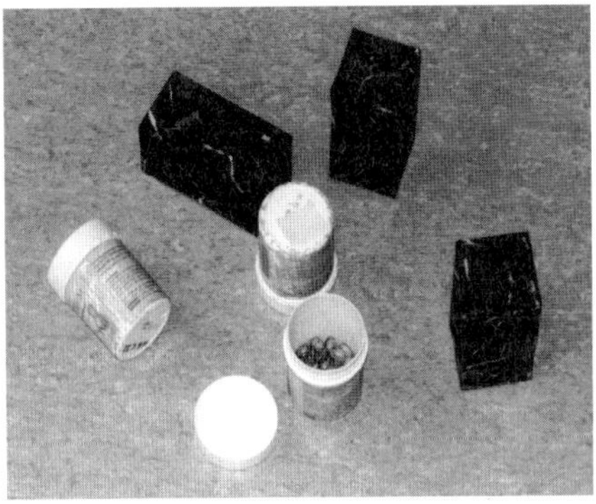

4.6 Förderung der visuellen Wahrnehmung

Der Sehsinn:

Das Auge ist das Organ zur Aufnahme optischer Reize, die im Gehirn zu Eindrücken der Umwelt werden. Wie schon in der Einleitung erwähnt, ist es auch das am häufigsten gebrauchte und überlastete Sinnesorgan. Zur visuellen Förderung gehört nicht einfach nur schauen, sodern den Blick für Nicht-Alltägliches schärfen, Zusammenhänge erkennen und Details erfassen. **Die visuelle Wahrnehmung umfasst die Fähigkeit optische Reize aufzunehmen, zu unterscheiden, zu verarbeiten, einzuordnen, zu interpretieren und entsprechend darauf zu reagieren.** Sie kann in acht Bereiche eingeteilt werden. Aus der Vielzahl der aufgenommenen Reize werden diejenigen ausgewählt, die unsere Aufmerksamkeit erregen. Sie bilden die Figur, die sich deutlich vom ungenau wahrgenommenen Hintergrund abhebt. Das bezeichnet man als **Figur-Grund-Wahrnehmung.** Bei der **Visumotorischen Koordination** handelt es sich um die Fähigkeit das Sehen mit den Bewegungen des Körpers zu koordinieren. Die **Wahrnehmungskonstanz** hilft uns beim Begreifen, dass bestimmte Eigenschaften eines Gegenstandes (z.B. Form, Größe) auch bei verändertem Abstand oder Blickwinkel konstant bleiben. In der **Raumlage** ist der Wahrnehmende der Bezugspunkt, alle Gegenstände werden in dieser Raum-Lage-Beziehung lokalisiert (z.B. vor, über). Unter **räumliche Beziehungen** versteht man die Steigerung der Raumlage. Die Lage der Gegenstände muß in Bezug auf sich selbst und in Bezug zueinander wahrgenommen werden. Durch die **Formwahrnehmung** können Formen von einander unterschieden, zu Paaren geordnet oder entsprechend Abbildungen zugeordnet werden. Durch **Farbwahrnehmung** können wir die Farben sehen, unterscheiden und spätestens ab dem Alter von 4 Jahren auch den entsprechenden Farbbezeichnungen zuordnen. Das **Visuelle Gedächtnis** ist mitverantwortlich für die kognitive (geistige) Entwicklung. Es ist wichtig sich an Gesehenes erinnern zu können. So müssen z.B. Zahlen und Buchstaben erkannt und zugeordnet werden.

Die meisten Bereiche der visuellen Wahrnehmung werden im alltäglichen Leben, im Schulunterricht oder im Kindergarten geübt. In der Turnhalle ist für eine differenzierte Schulung wenig Raum. Trotz allem sind in einer Sportstunde die Förderung aller Punkte immer wieder enthalten und werden somit gefördert. Bei Ballspielen wird zum Beispiel die Auge-Hand-Koordination gefördert.

Hier nun ein paar Beispiele, die den Kindern Spaß bereiten und die visuelle Aufnahme von der Reizüberflutung isoliert schulen.

- In einem abgedunkeltem Raum (wenn nötig eine Höhle mit großen Kästen und Decken bauen) einer Lavalampe, einer Wassersäule, einer Lichterkette oder einem Lichternetz zuschauen evtl. mit ruhiger Musik im Hintergrund.
- Ebenfalls in einem dunklen, reizarmen Raum mit der Taschenlampe Muster an die Decke und Wände zeichnen. Katz und Maus spielen, das Licht an der Wand ist die Maus und die Kinder müssen sie fangen.
- In einem kleinen, dunklen Raum liegen die Kinder dicht nebeneinander auf dem Rücken und schauen zur Decke (die Höhe der Halle durch ein Tuch oder eine Dekke reduzieren). Der Erwachsene erzählt nun eine Geschichte und bewegt dazu die Taschenlampen. Günstig ist eine farbige und eine weiße Taschenlampe.

  Mögliche Geschichte:

  Beispiel: Pünktchen kommt hüpfend auf die Wiese ***(von rechts kommend auf und nieder bewegend in die Mitte)*** und wartet auf seine Freundin Rot. Sie wollten sich hier treffen, doch Rot scheint einfach nicht zu kommen.

  Pünktchen wird langsam ungeduldig und springt auf und ab ***(auf und nieder bewegen)***.

  Jetzt dreht er sich langsam im Kreis ***(um die eigene Achse drehen)***.

  Da, endlich kommt Rot angelaufen ***(schnell von links her in die Mitte bewegen)***.

  Pünktchen und Rot umarmen sich ***(beide Lichter nähern und überlagern sich)*** und springen vor lauter Freude in die Luft ***(schnelle Bewegung nach oben und wieder hinunter)***.

  Sie spielen fangen. Pünktchen fängt zuerst ***(Rot schnell in eine Richtung bewegen, Pünktchen hinterher, mit Schlangenlinien und Kurven, bis Pünktchen Rot berührt, danach wird getauscht, so geht es eine Weile hin und her)***.

  Langsam werden die beiden müde, sie setzen sich hin und ruhen sich aus ***(die Lichter nebeneinander ruhig halten)***.

  Nun haben sie genug geruht und spielen verstecken. Rot versteckt sich zuerst, Pünktchen dreht sich um und Rot sucht sich ein Versteck ***(Wege an der Decke gehen)***. Endlich hat sie eins gefunden ***(rotes Licht ausschalten)*** und Pünktchen beginnt mit der Suche ***(Pünktchen in Schlangenlinien bewegen)***. Wisst ihr, wo sich Rot versteckt hat? ***(Antwort der Kinder abwarten.)*** Ihr könnt Pünktchen helfen. Sagt ihm einfach, wo Rot sich versteckt hat ***(Pünktchen nach den Angaben der Kinder bewegen. Hat sich Pünktchen verirrt, weiß er nicht mehr weiter und kein Kind kann ihm mehr helfen, so leuchtet Rot nochmals kurz auf)***.

Nachdem Rot gefunden wurde, versteckt sich Pünktchen ***(so geht es eine Weile hin und her)***.

Es ist Abend geworden, Pünktchen und Rot müssen nach Hause gehen. Sie verabschieden sich voneinander, winken sich zu und jeder geht nach Hause. ***(Pünktchen nach rechts, Rot nach links.)***

5. Entspannung

Für viele Kinder ist die Entspannung eine ganz neue Erfahrung. Ruhiges Liegen kennen sie meist nur vom Schlafen gehen, was die meisten Kinder nicht so gerne mögen, da sie Angst haben, etwas zu verpassen. Dass man auch etwas erleben kann, obwohl man ganz ruhig liegt, ist eine neue, aber sehr schöne Erfahrung für die Kinder. Bisher haben die Kinder alles durch die Bewegung erfahren und kennengelernt.

Viele Kinder nutzen die Entspannung, um ihr **inneres Gleichgewicht** wieder zu erlangen und **neue Kraft** für den Alltag zu schöpfen. Gerade unruhige und bewegungsfreudige Kinder finden in der Entspannung die Chance, das übergroße Reizangebot des Alltags abzulegen und sich nur auf den Körper zu konzentrieren. Sind die Kinder einmal mit der Technik der Entspannung vertraut, so werden sie sie annehmen und all das herausziehen, was sie gerade benötigen. **Die Phantasie, die Konzentration, das Körpergefühl und das Körperschema werden gefördert und erweitert.**

Entspannungen sind ein ruhiger Zufluchtsort, der auch dann aufgesucht wird, wenn gar keine Sportstunde stattfindet, denn die Kinder lernen schnell, wie sie sich ihre Entspannungswelt aufbauen können und werden dies auch im Alltag umsetzen, wenn man sie lässt. Manchmal spiegeln sich auch die Alltagsprobleme, Ängste, Wünsche und Träume in den Entspannungsträumen wieder. Dadurch können Kinder sie besser verbalisieren und verarbeiten.

Entspannungen müssen langsam aufgebaut werden und immer nur eine pro Tag, sonst werden die Kinder überfordert. Für eine Entspannung sollte die große Turnhalle verkleinert werden. Man kann einen **kleinen Raum** durch große Kästen abteilen und ein Schwungtuch darüber spannen. Dadurch wird auch die große Höhe vermindert. Die Kinder sollten sich nicht auf den Fußboden legen, sondern auf Matten, Wolldecken oder **Isomatten.** Jedes Kind sollte genug Platz haben und bequem liegen. Um eine angenehme Atmosphäre zu schaffen, kann man noch eine Duftlampe anzünden. Bevor sie mit einer Entspannung beginnen, sollten die Kinder die Möglichkeit haben sich zu bewegen. Eine Entspannung ist für den Abschluss einer Sportstunde gut geeignet. **Auf keinen Fall sollte man die Kinder sofort nach der Entspannung gehen lassen. Sie finden sich dann nicht im Alltag zurecht, stehen noch wie in Trance neben sich.** Jede Entspannung, egal welcher Art, muss nachbereitet werden, durch Erzählen, Malen oder Bewegung. Ein lockeres Spiel oder ein Tanz zu einer sehr rhythmischen Musik weckt die Kinder wieder völlig auf und führt sie zur Realität zurück.

Bei den Geschichten sollte der Leser langsam und deutlich sprechen. Es ist auch von Vorteil, wenn man die Geschichte schon einmal gelesen hat, damit man weiß, worum es geht und mehr Zeit hat, die Kinder zu beobachten. Nach einiger Übung bekommt man schnell heraus, wie lange eine Pause dauern muss, man sieht es den Kindern an, man spürt es einfach. Nach jeder Geschichte können die Kinder erzählen, was sie erlebt haben oder können es malen oder schreiben. Manchmal haben Kinder nichts erlebt oder gesehen, was der Erwachsene akzeptieren sollte. Es liegt am Kind, sein Geheimnis zu erzählen. Häufig erzählen die Kinder, wenn auch die anderen Kinder erzählen. Dagegen fällt das Malen oder Schreiben den Kindern oft leichter. Nachfolgend werden mögliche Geschichten beschrieben.

Lassen sie sich nicht entmutigen, wenn die Kinder beim ersten Mal noch nicht stillliegen und sich entspannen. **Auch Entspannen will gelernt sein und ruhiges Liegen will geübt werden.** Fangen sie langsam an und erwarten sie keine Wunder. Wie soll denn ein sonst so aktiver evt. auch hyperaktiver Körper so plötzlich auf absolute Ruhe umstellen. Er braucht viel Zeit und Geduld für diese Umstellung. Als Einstieg eignet sich z.B. ein Wahrnehmungsparcours. Die Kinder lassen sich dabei verwöhnen und üben das ruhige Liegen. So ist der Weg zu Entspannungen geebnet. Auch sollten Sie zunächst mit aktiven Entspannungen beginnen und erst nach einiger Übung Geschichten einsetzen.So haben die Kinder Zeit den Grad der Entspannung selbst zu bestimmen und liegen nicht von Anfang an „passiv" da, sondern haben die Möglichkeit sich aktiv zu beteiligen. Dadurch verliert der Begriff Entspannung die Angst vor der absoluten Ruhe. Die Kinder werden sich dadurch langsam zu einer Entspannungsform führen lassen, bei denen sie Geschichten umsetzen können.

5.1 Malen nach Musik

Jedes Kind bekommt ein großes Blatt Papier und zwei verschiedenfarbige Holzstifte oder Wachsmalstifte. Nun wird eine abwechslungsreiche, klassische Musik gespielt. Die Kinder werden aufgefordert, sich auf die Musik zu konzentrieren und nach ihr zu malen. Die Kinder können dabei auch die Augen verschließen. Es geht nicht darum, dass die Kinder ein bestimmtes Bild malen, sondern Schwünge und Kreise nach der Musik ausführen. Bei dieser Entspannungsart ist es gleich, ob die Kinder mit ihrer bevorzugten oder der anderen Hand malen oder gar mit beiden Händen.

5.2 Die große Acht

An einem anderen Tag kann das Malen nach Musik mit einer Acht begonnen werden. Den Kindern wird hierzu ein großes Blatt Papier gegeben, auf dem sich eine große Acht befindet. Die Kinder sollen nun bei Beginn der Musik die Acht nachfahren und nach einer Weile das ganze Blatt nach eigenen Vorstellungen bemalen.

5.3 Muskelrelaxation für Kinder

Diese Entspannung basiert auf dem aktiven Anspannen der Muskulatur und entspannt durch das Lockerlassen der Muskeln. Alle Muskeln werden zwei Mal so fest wie möglich angespannt, zwanzig Sekunden angespannt gehalten und dann entspannt ausruhen (die Muskeln lockerlassen). Kindern fällt es oft schwer, einfach nur die Hand anzuspannen. Leichter fällt es ihnen, wenn man ihnen sagt, sie sollen einen Schwamm ausdrücken. Damit nicht einfach nur Bewegungen genannt werden, kann man das Ganze in kleine Aufgaben und Geschichten verpacken. Die Kinder sollten bequem auf dem Rücken liegen.

Leg dich ganz ruhig hin und schließe die Augen. Atme langsam und gleichmäßig ... . Nun spüre deinen Atmen, er fließt in dich hinein, ... in jede Stelle deines Körpers.

- Nun drücke mit beiden Händen einen Schwamm aus, ganz fest, so, dass alles Wasser herausfließen kann. Verschnaufe einen Moment, damit du neue Kraft schöpfen kannst. So, jetzt drückst du noch einmal den Schwamm ganz fest, noch fester, es kommt immer noch Wasser heraus. Endlich, das Wasser ist herausgelaufen, du kannst die Hände wieder locker neben dich legen.

- Du trägst ein langes Brett in deiner Armbeuge und musst es ganz fest halten. Drücke es fest an dich, damit du es nicht fallenlässt. Jetzt kannst du einen Moment die Arme lockern, das Brett liegt auf der Fensterbank. So, nun nimmst du das Brett wieder und trägst es weiter, halte es ganz fest, sonst fällt es herunter. Du kannst das Brett nun wieder ablegen.

- Stell dir vor, du drückst mit deinen Armen ein Loch in den Boden. Je fester du drückst, desto tiefer wird das Loch. Unterbreche einen Moment das Drücken, damit du tief atmen kannst. Und nun drücke wieder ganz fest, das Loch wird tiefer und tiefer. Super, jetzt ist das Loch tief genug, du kannst aufhören und dich einen Moment ausruhen.

- Zwischen deinen Zehen liegt eine Schnur, die dir jemand wegnehmen möchte. Halte sie mit deinen Zehen ganz fest, der andere zieht schon sehr fest daran. Du kannst einen Moment verschnaufen, der andere muss sich ausruhen. Aber nun pass auf, er beginnt schon wieder an der Schnur zu ziehen, halte sie ganz fest. Geschafft, die Schnur bleibt bei dir, der andere hat aufgegeben.

- Hebe den Kopf an und schau auf deine Füße. Sieh nach, ob die Schnur noch zwischen deinen Zehen ist. Lege deinen Kopf wieder auf den Boden und ruhe dich aus. Nun hebe den Kopf noch einmal an, lege dein Kinn auf deine Brust und halte es da einen Moment, dann leg den Kopf wieder ab.

- Ein kalter Wind weht, zieh den Kopf ein, damit du nicht frierst. Halte ihn fest in deinem Pullover vergraben. Die Sonne kommt wieder heraus, du kannst den Kopf wieder lockerlassen. Da kommt schon wieder ein starker Wind, zieh deinen Kopf wieder ein und halte ihn fest. Die Sonne scheint wieder, du kannst den Kopf lockerlassen.

- Die Sonne scheint dir genau in die Augen, du musst die Augen ganz fest zukneifen, damit sie dich nicht so blendet. Eine Wolke schiebt sich vor die Sonne, du kannst die Augen wieder öffnen. Die Wolke zieht weiter, du musst deine Augen wieder ganz fest zukneifen. Halte sie geschlossen. Die Sonne versteckt sich hinter den Wolken, du kannst deine Augen entspannen.

- Stell dir vor, du isst ein Stück saure Zitrone. Sie ist so sauer, dass du die Lippen zusammenpresst. Endlich geht der saure Saft aus deinem Mund heraus und du kannst den Mund wieder lockerlassen. Doch zu früh gefreut, ganz hinten in der Backe ist noch ein kleiner Rest. Der läuft dir nun in den Mund und du musst das Gesicht wieder verziehen und die Lippen zusammenpressen.

- Drücke deinen Bauchnabel ganz fest gegen die Decke. Du machst mit deinem Rükken einen großen Tunnel. Eine Eisenbahn will durch deinen Tunnel fahren, doch die Schranke ist geschlossen und so verweigerst du ihr die Durchfahrt. Du schließt deinen Tunnel und drückst den Rücken so fest wie möglich auf den Boden. Die Schranke geht auf, du öffnest deinen Tunnel, machst ihn ganz groß, so dass die Eisenbahn hindurchfahren kann. Die Eisenbahn ist vorbei und du verschließt deinen Tunnel wieder ganz fest. Drücke so fest wie möglich deinen Rücken auf den Boden.

- Mache den Po und die Beine ganz fest, sie sind so fest wie Holz. Du hast jetzt für kurze Zeit die Beine von Pinoccio. Nun lass die Beine locker. Jetzt spiele noch einmal Pinoccio, mach deine Beine und deinen Po ganz fest, noch fester. So, nun lass alles wieder locker und ruh dich aus.

  Wenn du möchtest, dann kannst du noch einen Moment ganz ruhig liegen bleiben. Ich werde jetzt nichts mehr sagen, aber ich bleibe die ganze Zeit hier. Du kannst dir jetzt noch etwas Zeit lassen und ausruhen. Sobald du möchtest, kannst du dich rekken und strecken und dich hinsetzen.

5.4 Verwöhnkarussel

Die Kinder teilen sich in zwei Gruppen. Die erste Gruppe bildet einen Kreis und legt sich mit dem Gesicht zur Mitte auf den Bauch. Nun beginnt die Zweite Gruppe die liegenden zu verwöhnen, indem sie die Liegenden leicht abklopfen, streicheln, mit einzelnen Fingern tupfen, kitzeln, massieren oder leicht kneifen. Die verwöhnenden Kinder gehen nach einiger Zeit zu einem anderen liegenden Kind und beginnen dort mit dem Verwöhnen. Jedes Kind kann den Zeitpunkt des Weitergehens selbst bestimmen. Dadurch kann es passieren, dass ein Kind für kurze Zeit von zwei Kindern verwöhnt wird, während ein anderes Kind kurzfristig ohne Verwöhnung da liegt. Nach zehn Minuten tauschen die beiden Gruppen.
Die liegenden Kinder sollten die Augen geschlossen halten und nicht darauf achten wer sie gerade massiert. Der Erwachsene sollte vorher der Gruppe erklären, dass die Kinder vorsichtig verwöhnen müssen und jeder das Verwöhnen unterbrechen kann, wenn es ihm nicht gefällt. Hierfür braucht das Kind nur mit dem Kopf zu schütteln und das verwöhnende Kind muss dann sofort damit aufhören.

5.5 Körperlandkarte

Dies ist eine Partnerübung. Ein Kind liegt auf dem Boden und das andere Kind klopft, massiert, streichelt, kitzelt in allen möglichen Varianten den Rücken, den Bauch und schließlich den ganzen Körper des Partners. Nach jeder Massagetechnik markiert nun das liegende Kind in seiner Körperlandkarte die Stellen, an der diese Art der Massage angenehm war. Wichtig ist, dass sich das Kind am Bildrand zu den bestimmten Farben und Zeichen eine Erklärung notiert. Die Kinder sollten sich diese Legende anfertigen um auch später noch zu wissen, was die verschiedenen Symbole darstellen sollten. Ist für beide Kinder eine Landkarte erstellt, ist die Entspannung für heute beendet. Im Kreis kann nun jedes Kind erzählen, was ihm besonders gut gefallen. Die Landkarten werden aufbewahrt und später wieder ausgeteilt. Der neue Partner weiß nun anhand der Landkarte genau, wo und wie er seinen Freund verwöhnen kann. Für diese Entspannung ist eine ruhige Musik sehr angenehm.

Einige Beispiele zur Legende:

- blaue Dreiecke = trommeln mit einem Finger
- rote Punkte = streicheln
- grüne Punkte = kitzeln

KOPIERVORLAGE

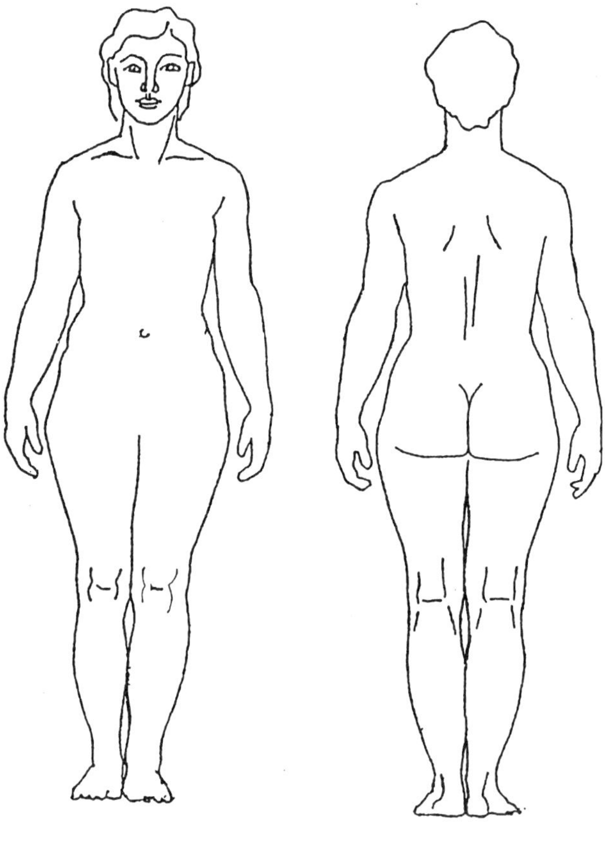

5.6 Salzmassage

Jedes Kind bekommt ein Gefäß mit Wasser und ein Gefäß mit Salz. Außerdem wird ein Handtuch benötigt. Im Hintergrund sollte eine ruhige Entspannungsmusik laufen, bitte kein Wasserrauschen, da sonst alle auf die Toilette müssen.

Nun massiert jedes Kind sich die Füße mit Salz und Wasser. Zunächst werden die Füße befeuchtet, danach wird das Salz langsam darauf verteilt. Ist es zu hart, kann einfach mehr Wasser genommen werden, das Salz löst sich dann auf. Immer wieder Salz und Wasser auf dem Fuß, unter dem Fuß und zwischen den Zehen verreiben. Nach etwa fünf Minuten wird das Salz mit Wasser abgewaschen und der Fuß abgetrocknet. Der Strumpf wird wieder angezogen. Bevor der zweite Fuß massiert wird, werden die beiden Füße verglichen. Wie fühlen sie sich an? Fühlen sich beide gleich an? Leicht oder schwer,...? Meist fühlt sich der schon massierte Fuß weich und leicht an.

Auch an anderen Körperteilen fühlt sich eine Salzmassage gut an, dafür wird aber ein Partner benötigt.

5.7 Gesichtsmassage

Dies ist eine Partnerübung, bei der ein Kind auf dem Rücken liegt und das andere Kind hinter dessen Kopf sitzt. Das liegende Kind schließt die Augen und bekommt das ganze Gesicht mit einem feuchten Schwamm langsam abgerieben und danach abgetrocknet. Das kann ruhig einige Zeit in Anspruch nehmen, alle Stellen sollen mehrmals sorgfältig und vorsichtig feucht abgerieben werden. Nach dem Trocknen wird das Gesicht ausgiebig mit Watte, Federn, Fell, Stoff und verschiedene Schwämmen abgerieben und massiert. Am Ende wird das Gesicht mit einer Creme sorgfältig eingerieben. Dann ist Rollenwechsel.

5.8 Blumenwiese

Lege dich ganz bequem hin, dreh dich so lange hin und her, bis du genau so liegst, wie es dir am besten gefällt. Wenn du möchtest, kannst du deine Augen schließen. Es ist alles in Ordnung, auch wenn einer hustet, sich herumdreht oder sich etwas anderes ändert, alles ist in Ordnung. Höre auf deinen Atem, wie er ganz von alleine ein- und ausgeht. Er geht ganz gleichmäßig. Höre genau hin, er geht ein und wieder aus.
Pause
Überlege nun, was du heute schon alles gemacht hast. Wie du aufgestanden bist, ... was du gefrühstückt hast ... und wen du heute schon alles gesehen hast. ... Fällt dir etwas ein, was dir besonders gut gefallen hat? ... War etwas besonders lustig?... Hast du dich über etwas geärgert? ... Oder warst du traurig?... Vielleicht hat dir etwas Angst gemacht oder lässt dich wütend werden. ... Du darfst an all das denken, woran du denken möchtest. Es sind deine Gedanken. ... Wenn du möchtest, kannst du jetzt alles in eine Schatzkiste stecken. Du darfst sie abschließen und den Schlüssel an die Seite legen. Am Ende kannst du dir überlegen, ob du die Kiste wieder aufschließen möchtest oder lieber noch etwas verschlossen lässt. Du hast jederzeit die Möglichkeit die Kiste zu öffnen oder wieder zu verschließen. Du kannst neue Dinge hinzutun oder einige herausholen. Es ist ganz alleine deine Kiste. ...

Kannst du die Geräusche um dich herum hören? ... Versuche einmal herauszubekommen, wer und was die Geräusche macht. Vielleicht weißt du es ja, wenn nicht, ist es auch nicht schlimm, höre ihnen einfach eine Weile zu, wenn du magst. Wenn dich ein Geräusch stört, dann stecke es doch einfach auch in deine Schatzkiste. ...

Du kannst dich hier wohlfühlen. Ich bin die ganze Zeit da und passe auf dich auf. Du kannst mir zuhören und träumen. Du darfst aber auch einfach nur daliegen und nachdenken oder einfach gar nichts tun.

Kannst du deinen Atem spüren, wie die Luft ohne deine Hilfe in dich hineinströmt? Wie sie durch deinen Mund in deinen Hals fließt und von dort bis in deine Lunge hinein? Vielleicht kannst du auch den Weg in deinen Bauch, ... in deine Arme und in deine Hände spüren. Ganz langsam und gleichmäßig geht die Luft ein und wieder aus. ... Wenn du möchtest, kannst du die Luft bis in deine Beine hineinlassen und nun in deine Füße. Spürst du, wie die Luft langsam und gleichmäßig durch deinen ganzen Körper fließt? ... Du kannst auch die Luft in deinen Kopf hineinlassen, ganz langsam kann sie einströmen. Ein und aus, ein und aus. ...

Stell dir jetzt vor, du liegst auf einer Blumenwiese. Vielleicht liegst du auf einer Decke oder auch nur im Gras. ... Die Sonne scheint dir ins Gesicht ... und erwärmt dir deinen Körper. ... Spürst du, wie warm dir wird? Dein Gesicht und dein Körper fühlen sich angenehm warm an. ... Um dich herum summen die Bienen ... und die Grillen zirpen... . Wenn du genau hinhörst, kannst du sie vielleicht auch hören. Sie spielen ihr schönstes Lied nur für dich... . Du bist ihnen wichtig und sie wollen dir eine Freude bereiten. ... Auch die Blumen geben ihr Bestes. Riechst du, wie gut sie duften? ... Wie süß sie riechen, wie Honig. ... Wenn du möchtest, kannst du auf deiner Wiese bleiben. Ich werde hier sein und auf dich warten. Du kannst die Sonne mit ihrer Wärme spüren, dem Lied zuhören und die Blumen riechen. Sie alle wollen dir eine Freude bereiten und geben ihr Bestes nur für dich. Du wirst jetzt meine Stimme eine kurze Weile nicht mehr hören. Ich bin aber trotzdem für dich da. Wenn die Zeit der Stille vorbei ist, werde ich dir erzählen, wie es weitergeht. *Pause*

Riech noch einmal den Blumenduft, höre noch einmal auf die Geräusche und spüre noch einmal die Wärme. Verabschiede dich von deiner Blumenwiese. Doch sei nicht traurig, du kannst sie ja immer wieder besuchen, wann immer du willst.

Wenn du möchtest, kannst du jetzt deine Schatzkiste öffnen und die Geräusche und deine Erinnerungen herausnehmen. Es ist aber auch in Ordnung, wenn du einen Teil oder alles in der Kiste lässt. Du kannst immer dann etwas herausholen, wenn du es möchtest.

Ich werde jetzt bis zehn zählen. Wenn ich bei sechs angelangt bin, kannst du mitzählen. Danach strecke dich und wache langsam auf. Du wirst dich ausgeruht und wohl fühlen. Du gehst dann wieder zurück in deinen Tag, doch du kannst immer wieder auf deine Blumenwiese zurückkehren.

Ich werde jetzt zählen: 1, 2, 3, 4, 5, 6, 7, 8, 9, 10 (ganz langsam zählen). Nun strecke deine Arme und Beine. Atme ganz tief ein und wieder aus und öffne langsam deine Augen. *Pause*

5.9 Gehirnreise

Setz dich bequem hin. Such dir eine Position, in der du es längere Zeit aushalten kannst, ohne dich zu bewegen. Wenn du möchtest, kannst du deine Augen schließen. Versuche nun, auf deinen Atem zu achten. Spürst du, wie die Luft in dich hinein- und wieder herausfließt, ohne dass du etwas tun musst? Es geht ganz von alleine. Kannst du spüren, wie die Luft in deine Beine, Arme, Hände und Füße strömt, in deinen Bauch und deinen Kopf? Es ist nicht schlimm, wenn du es nicht spürst. Manchmal sind noch andere Gedanken in uns drin, dass es uns schwer fällt, auf unseren Atem zu achten. Die meiste Zeit wird es jetzt ganz leise sein, aber auch wenn es mal lauter wird, ist alles in Ordnung. Ich bin hier und passe auf dich auf. So wie es ist, ist es gut.

Stell dir jetzt vor, du könntest in deinen Kopf hineinsehen. Was man da alles sehen kann! Dein Gehirn sieht aus wie Spaghetti, viele lange Rutschbahnen mit vielen Kurven. Wenn du möchtest, kannst du dich auf eine der Rutschbahnen setzen und durch dein Gehirn rutschen. Du wirst viele neue Orte kennenlernen. Wenn du möchtest, kann es jetzt losgehen. Die Rutschpartie beginnt, genieße deine Fahrt. Du selbst entscheidest, wie schnell du rutschen möchtest und wie lange du dir einen Teil deines Gehirn ansehen möchtest. Es geht nun bergab und um die erste Kurve, dahinter siehst du die Farbe Blau, ... du rutschst weiter und siehst am Ende einer langen Geraden einen großen roten Luftballon. Er steigt in die Luft und du schaust ihm nach. ... Schon geht es weiter, eine rechte Kurve und eine linke Kurve. Nun siehst du eine gelbe Zitrone, du schneidest sie auf und wenn du magst lecke mit deiner Zunge über eine Zitronenscheibe. ...Weiter geht's um eine ganz enge Linkskurve und sofort wieder um eine Rechtskurve, dahinter riechst du warme Plätzchen, hm, wie gut das riecht! ...Jetzt rutsche weiter und nach den nächsten Kurven wird es auf einmal kalt. Ein kräftiger Wind weht, brrr. Rutsche schnell weiter, an der nächsten Rechtskurve ist ein warmer Ofen, an ihm kannst du dich aufwärmen. ...Wenn dir jetzt wieder warm ist, kann es weitergehen. An der nächsten Kurve gibt es dein Lieblingsessen. Du hast Zeit, eine Weile hier zu bleiben und es zu genießen. ...Nachdem du nun gegessen hast, geht die Rutschpartie weiter. Es geht um viele Kurven und auf einmal hörst du ganz leise Musik. Sie ist ganz ruhig und hört sich weit entfernt an. Du musst dich anstrengen, um ihr zu lauschen. Erkennst du das Lied? ...Wenn du jetzt weiterrutschst, hörst du lauten Straßenlärm. Es hört sich an, als wenn du mitten auf einer Autobahn stehen würdest. ...Du rutschst weiter, die Rutschbahn wird immer steiler und die Kurven werden weniger und auf einmal hört die Rutschbahn auf. Du fliegst durch die Luft und landest auf einer weichen Wolke. ...Sie trägt dich weit weg in ein Land deiner Wahl. Du darfst dir aussuchen, was du erleben möchtest. Die Wolke fliegt dich in dein eigenes Traumland. Du hast jetzt Zeit, dein Traumland kennenzulernen und große Abenteuer zu erleben. Du wirst jetzt eine kleine Weile meine Stimme nicht mehr hören. In dieser Zeit kannst du Abenteuer in deinem Traumland erleben. Mit meiner Stimme werde ich dich wiederholen. So, nun genieße dein Abenteuer ... . *Pause*

So, es ist Zeit, mit deiner Wolke zurückzukommen. Nehme Abschied von deinem Traumland. Bleibe mit deinen Gedanken noch ein wenig bei deinem Abenteuer. ...Wache nun langsam auf, du hast Zeit, ganz in Ruhe aufzuwachen. ... Recke und strecke dich, öffne deine Augen und stehe langsam auf.

Jetzt kannst du dein Abenteuer auf ein Blatt malen, du kannst es immer wieder anschauen und es wird dich immer wieder an dein Abenteuer erinnern.

5.10 Körperreise

Lege dich auf den Rücken. Wenn du möchtest, kannst du ein Kissen unter deinen Kopf legen. Strecke deine Beine aus und lasse sie ganz locker, es kann sein, dass die Fußspitzen nach außen fallen. Das ist vollkommen in Ordnung, lege nun deine Arme neben den Körper, so dass die Handflächen nach oben zur Decke schauen.

Du brauchst an nichts zu denken, du hast jetzt Zeit für dich. Nur du bist jetzt wichtig. Deine Sorgen kannst du beiseite legen, sie sind für die Zeit der Entspannung unwichtig. Dies ist deine Zeit zur Entspannung, du brauchst an nichts zu denken, ich mache das für dich. Ich passe auf dich auf. Ich sage dir, wenn die Zeit um ist und schütze dich vor jeder Gefahr.

Achte jetzt auf deinen Atem, er geht langsam und gleichmäßig ein und aus, ohne dass du etwas dafür tun musst. Die Luft geht durch deine Nase in deinen Hals, dann in deine Lunge und von dort geht die Luft wieder nach draußen. Immer wieder geht sie den gleichen Weg.

Kannst du jetzt mit deinen Gedanken in deine rechte Hand gehen? Kannst du sie spüren? ... . Vielleicht kannst du das Rauschen von deinem Blut hören oder spüren. Das Blut fließt in deine Fingerspitzen, ohne dass du etwas tun musst, es pocht ganz gleichmäßig. Kannst du es fühlen? Es pocht ganz langsam und gleichmäßig, es kann sein, dass es kribbelt. Du wirst ganz ruhig und locker durch das Pochen. Das Pochen verteilt sich langsam in deinen Unterarm. Auch hier kannst du es spüren und du fühlst, wie es dich ruhig macht. Achte darauf, wie sich das Blut in deinen Ellenbogen ausbreitet und von dort in den Oberarm fließt ... . Spüre das gleichmäßige Pochen deines Blutes in deinem ganzen Arm, ... fühle, wie sich die wohltuende Ruhe in dir ausbreitet. Folge nun dem Blut in deine rechte Schulter, spüre wie sich das Blut langsam in ihr verteilt und pocht ... . In deinem rechten Arm und in der rechten Schulter pocht es und du fühlst dich gut, ganz ruhig. Das Blut fließt weiter und erreicht deine Brust. Es fließt durch dein Herz ... . Dein Blut bringt die Ruhe in dein Herz, es schlägt langsam und gleichmäßig ... . Das Blut macht keine Pause, unaufhörlich will es die Ruhe und das Wohlfühlen in deinem Körper verteilen. Es fließt in deine Lunge. Das Atmen wird leichter ... . Du atmest langsam und gleichmäßig ... . Nun fließt das Blut in deinen Bauch, ... es pocht die ganze Zeit und bei jedem Pochen wirst du ruhiger und fühlst dich besser. Immer mehr Körperteile pochen und kribbeln, sie fühlen sich ruhig an ... . Du merkst, wie das Blut weiterfließt, in deine Beine hinein ... . Es fließt langsam und gleichmäßig die Oberschenkel hinab ... . Du spürst das Pochen und merkst wie deine Oberschenkel langsam ruhig werden. Das Blut fließt weiter in deine Knie. Du spürst das Kribbeln, das durch das Pochen entsteht. Weiter fließt dein Blut in deine Waden und Schienbeine bis in deine Füße und Zehen hinein ... . Das Blut verteilt sich ganz langsam und gleichmäßig ... . Das leichte Pochen ist nun in deinen ganzen Beinen und Füßen zu spüren ... . Das Blut fließt nun zurück in deinen Bauch, doch die Ruhe und das Pochen bleiben. Vom Bauch aus fließt es langsam durch deine Lunge und dein Herz. Jetzt fließt es in deine linke Schulter ... . Du spürst das Pochen und Kribbeln. Durch deine linke Schulter fließt das Blut in deinen Oberarm und von dort über den Ellenbogen in den Unterarm ... . Das Blut verteilt sich in deinem Arm ... . Das Pochen spürst du nun in deinem ganzen Arm und es fließt weiter in deine linke Hand ... . Du spürst, wie sich das Blut in deiner Hand bis zu den Fingerspitzen hin ausbreitet. Du bist ganz ruhig. Dein Blut fließt zurück durch deinen Arm, aber es lässt das Pochen und Kribbeln zurück. Dein Blut fließt jetzt durch deinen Nacken in deinen Hals ... . Deine Nackenmuskulatur wird locker und es pocht und kribbelt. Das Pochen verteilt sich in deinem Kopf ... . Jetzt kannst du es in jedem Teil deines Kopfes spüren und vielleicht sogar hören ... . Das Pochen wird leiser und es bleibt eine wohltuende Wärme und Leichtigkeit. Dein Kopf ist leer und entspannt ... . Dein ganzer Körper ist ganz leicht oder ganz schwer und du bist ganz ruhig. Du bist ruhig und genießt eine kurze Zeit ohne meine Stimme. *Pause*

Ich werde jetzt bis zehn zählen, ab sechs zähle bitte mit. Dann wirst du aufwachen, deine Arme und Beine bewegen und merken, wie leicht oder schwer sie sich anfühlen. Du wirst ruhig und entspannt aufwachen.

1, 2, 3, 4, 5, 6, 7, 8, 9, 10, so, nun bewege deine Arme und Beine und wache langsam auf.

5.11 Körpermassage

Lege dich bequem hin, suche dir eine Stellung, in der du es eine Zeitlang aushalten kannst ohne dich zu bewegen. Du kannst es ruhig ausprobieren und bleibst dann so liegen, wie es dir am besten gefällt. Es ist egal, ob du auf dem Bauch oder Rücken liegst. Du kannst deine Lage jederzeit wieder ändern. Schließe deine Augen und fühle, wie du atmest, du brauchst nichts dafür zu tun. Die Luft geht ein und wieder aus, ganz langsam und gleichmäßig. *Pause*

Überlege, was du heute alles erlebt hast. ... Denk jetzt an all das Schöne, das du erlebt hast. Denk an deine Freude und an den Spaß, den du hattest. ... Denk nun an die nicht so schönen Dinge, an all das, was dir nicht gefallen hat. An alles, was dir Angst macht. Jetzt nimm all deine Gedanken von deinem Tag und stecke sie in eine Schatzkiste. Schließe den Deckel, drehe den Schlüssel herum, ziehe den Schlüssel heraus und lege ihn an die Seite. Du kannst sie jederzeit wieder öffnen und alles oder auch nur einen Teil wieder herausholen. *Pause*

Konzentriere dich jetzt auf die Geräusche um dich herum, ... versuche herauszubekommen, von wo sie kommen und wer sie macht. Höre genau hin. ... Höre auf das Atmen der anderen, ... auf den Regen, ... das Vogelzwitschern, ... den Regen ... und die Gespräche. ... Nimm jetzt jedes Geräusch und stecke es in eine Flasche und verschließe sie. Stelle sie vorsichtig in eine Ecke. Pass auf, dass dir die Flasche nicht zerbricht und die Geräusche wieder freilässt. *Pause*

Wenn du möchtest, kannst du deine Lage noch einmal verändern. Lege dich bequem hin und lasse deine Augen geschlossen.

Stell dir vor, du liegst auf einem warmen, weichen Wasserbett. Das Wasser schaukelt dich sachte hin und her... .Es wiegt dich ganz gleichmäßig. Du liegst warm und weich. Eine liebe Freundin, die du dir aussuchen kannst, kommt an dein Wasserbett. Du kennst sie gut und vertraust ihr. Sie hat einen ganzen Korb voll Gegenstände dabei, mit denen sie dich massieren möchte. Du brauchst nur an ein Körperteil zu denken und schon beginnt sie dich genau dort zu massieren. Wenn es dir zu viel wird oder du etwas nicht magst, dann brauchst du es nur zu denken und schon hört sie damit auf. Warte dann einfach, bis ich einen neuen Gegenstand nenne und du kannst diesen dann neu genießen.

Zuerst holt deine Freundin einen weichen, feuchten Schwamm aus dem Korb und streicht damit leicht über deine Haut. Spürst du das leichte Streicheln? ... Es fühlt sich warm und vertraut an ... . Nach dem Schwamm kommt nun der Igelball. Spürst du schon, wie er langsam und mit leichtem Druck über deinen Körper rollt? Wie er langsam mit kreisenden Bewegungen deinen Körper erkundet? ... Spüre, wie locker sich deine Muskeln anfühlen und wie deine Entspannung wächst. Mit jedem Gegenstand wirst du entspannter ... . Als nächstes wird dein Körper mit einem rauhen Schwamm abgerieben. Merkst du das Kratzen auf deiner Haut. Wie wunderbar es sich anfühlt? ... Wie es deine Poren öffnet und reinigt und wie befreiend es sich anfühlt ... Jetzt werden deine Muskeln wieder gelockert. Diesmal mit einem Holzmassagegerät. Spürst du, wie toll sich das anfühlt, wie locker deine Muskeln werden und wie angenehm es auf deiner Haut ist? ... Eine weiche Feder kommt zum Vorschein und berührt dich sachte auf der Haut. Es kitzelt dich ein wenig, doch fühlt es sich nicht auch irgendwie angenehm an? ... Zum Abschluss cremt dich deine Freundin ein. Sie massiert die Creme in deine Haut hinein, in jede Pore und an jede Stelle, die du magst.

Jetzt hast du Zeit, dir etwas von deiner Freundin zu wünschen. Du hast freie Auswahl. Es ist ganz egal, ob du dir noch einmal einen Gegenstand wünschst, den du schon hattest oder ob du dir einen neuen ausdenkst. Du kannst dir auch wünschen einfach nur dazuliegen und auszuruhen. Dies ist deine Zeit. Du kannst dir wünschen, was immer du möchtest. Genieße deine Zeit ... .

Deine Freundin verabschiedet sich jetzt von dir und geht aus dem Raum. Nun spürst du deinen entspannten Körper und das langsame Schaukeln deines Wasserbettes. Genieße es noch eine Weile. *Pause*

So, deine Zeit ist nun vorbei.

Hole nun deine Flasche aus der Ecke und öffne sie. Lass jedes Geräusch wieder heraus und höre es dir genau an. Die Geräusche wecken dich langsam auf und bringen dich hierher zurück. Wache nun langsam auf, höre auf alle Geräusche. Recke und strecke dich. Stehe langsam auf und gehe durch den Raum. Komm in deinen Alltag zurück. Du wirst entspannt und ausgeruht sein.

5.12 Regen

Lege dich bequem hin. Du solltest eine Weile so liegen bleiben können. Es ist ganz egal, ob du lieber sitzen oder liegen möchtest. Du kannst jederzeit eine Lage verändern. Schließe deine Augen und konzentriere dich auf deinen Atem. Atme langsam und gleichmäßig, ein und aus... . Es geht ganz von alleine, du kannst ganz ruhig liegen, brauchst nichts zu tun. *Pause*

Überlege nun, was du heute schon alles gemacht hast, wie du aufgestanden bist, was du gefrühstückt hast und wen du heute schon alles gesehen hast. Fällt dir etwas ein, was dir besonders gut gefallen hat? War etwas besonders lustig?... Hast du dich über etwas geärgert? Oder warst du traurig?... Vielleicht hat dir etwas Angst gemacht oder lässt dich wütend werden. ... Du darfst an all das denken, woran du denken möchtest. Es sind deine Gedanken. Wenn du möchtest, kannst du jetzt alles in eine Schatzkiste stecken. Du darfst sie abschließen und den Schlüssel an die Seite legen. Am Ende kannst du dir überlegen, ob du die Kiste wieder aufschließen möchtest oder lieber noch etwas geschlossen lässt. Du hast jederzeit die Möglichkeit, die Kiste zu öffnen oder wieder zu verschließen. Du kannst neue Dinge hinzutun oder einige herausholen. Es ist ganz alleine deine Kiste. ... Kannst du die Geräusche um dich herum hören? Versuche einmal herauszubekommen, wer und was die Geräusche macht. Vielleicht weißt du es ja, wenn nicht, ist es auch nicht schlimm. Höre ihnen einfach eine Weile zu, wenn du magst. Wenn dich ein Geräusch stört, dann stecke es doch einfach auch in deine Schatzkiste. ...

Du kannst dich ganz wohlfühlen, denn ich bin die ganze Zeit da und passe auf dich auf. Du kannst mir zuhören und träumen, du darfst aber auch nur daliegen und nachdenken oder auch einfach gar nichts tun.

Kannst du deinen Atem spüren, wie die Luft ohne deine Hilfe in dich hineinströmt? Wie sie durch deinen Mund in deinen Hals fließt und von dort in deine Lunge hinein? Vielleicht kannst du auch den Weg in deinen Bauch, deine Arme und deine Beine spüren. Ganz langsam und gleichmäßig geht die Luft ein und wieder aus. Wenn du möchtest, kannst du die Luft bis in deinen Fuß hineinlassen und nun in deine Hände. Spürst du, wie die Luft langsam und gleichmäßig durch deinen ganzen Körper fließt? Du kannst auch die Luft in deinen Kopf hineinlassen, ganz langsam kann sie einströmen.

Wenn dein Atem durch deinen Körper fließt, fühlt er sich an, wie Regentropfen. Sie tröpfeln langsam in dich hinein. Zuerst in deinen Mund und von da laufen die Tropfen in deinen Hals und deine Brust. Spürst du, wie die kleinen Tropfen langsam in dich hineintropfen, wie lustig sich das anfühlt, wie das kribbelt? Die Tropfen kribbeln in deinem Mund, Hals und deiner Brust und nun wollen sie weiter in deinen Körper hinein. Sie fließen durch deinen Bauch bis in die Beine hinein. Langsam verteilt sich das Kribbeln in deinen Beinen bis hinunter durch deine Füße und in die Zehen. Auch in deine Arme und Hände verteilen sich jetzt die Regentropfen und das Kribbeln ist jetzt in fast all deinen Körperteilen. Nun dringt der Regen auch in deinen Kopf ein. Mit jedem Atemzug verteilt sich der Regen mehr in deinem Körper.

Stell dir jetzt vor, du läufst durch einen warmen Sommerregen. Es ist ganz egal, ob du barfuß oder mit Schuhen läufst, das kannst du dir aussuchen und jederzeit wieder ändern. ... Du spürst jeden einzelnen warmen Regentropfen auf deiner Haut ... . Die Tropfen treffen deinen Körper und fließen hinab zum Boden. Es bilden sich kleine Rinnsale, die sich langsam ihren Weg auf deinem Körper suchen ... . Das Wasser läuft im Zickzack über deine Haut... . Spürst du die Tropfen, wie sie auf deine Haut treffen? ... Wie sich kleine Rinnsale bilden? ... Wie dein ganzer Körper langsam nass wird? ... Deine Haare sind schon ganz nass und kleben an deinem Kopf ... . Aus deinen Haaren läuft das Wasser über deine Schultern auf deinen Bauch und Rücken ... und von dort deine Bein hinab und fließt auf den Boden ... . Du riechst den Regen, ... die feuchte Erde ... Langsam hört der Regen auf, es fallen nur noch wenige warme Tropfen vom Himmel ... . Ein leichter Wind kommt auf und trocknet deinen Körper. Du spürst, wie die einzelnen Tropfen und Rinnsale auf deiner Haut trocknen. Es fühlt sich kühl an ... . Der Wind hört auf und die Sonne beginnt zu scheinen ... . Es wird warm und dein Körper fühlt sich gut an. Dir wird immer wärmer, so sehr erwärmt dich die Sonne ... . Du saugst jeden einzelnen Sonnenstrahl auf und tankst mit ihnen neue Energie ... . Du läufst immer weiter, erfreust dich an der Sonne und atmest die saubere, feuchte Luft tief ein. *Pause*

Ich zähle jetzt bis zehn, wenn ich bei sechs angekommen bin, dann zähle bitte mit. Danach wachst du langsam auf und spürst vielleicht noch den Regen oder die Sonne auf deiner Haut. Dein Gesicht kann sich noch warm anfühlen und du bist ruhig und zufrieden. 1, 2, 3, 4, 5, 6, 7, 8, 9, 10, wach auf und spüre weiterhin die Wärme der Sonne.

6. Fingerspiele

Fingerspiele sind nicht nur bei kleinen Kindern sehr beliebt. **Sie regen durch ihre einfache Sprache, die Reime und die Melodien zur Nachahmung an.** Es fällt Kindern nicht schwer die Bewegungen nachzumachen, auch wenn es am Anfang nicht genauso aussieht wie bei dem Erwachsenen. Um den Kindern keinen Leistungsdruck zu bereiten und sie vor Versagensängsten zu schützen, sollte man die Kinder nicht verbessern. Im Laufe der Zeit werden sie die Bewegungen perfektionieren.

Fingerspiele fördern die taktile Wahrnehmung, die Auge - Hand - Koordination und regen die Entdeckung des eigenen Körpers an. Selbst sprechfaule Kinder werden durch Fingerspiele **zum Sprechen angeregt** und die Sprechfertigkeit wird gefördert. Bei Fingerspielen wird der Weg von der Sprache zur bewussten Bewegung gefördert.

Fingerspiele können sehr gut die Anfangs- oder Endphase einer Stunde gestalten.

Alle Fingerspiele stammen aus mündlichen Überlieferungen.

6.1 Zehn kleine Zappelmänner

Melodie: 10 kleine Negerlein

10 kleine Zappelmänner zappeln hin und her.	*Die Hände mit zappelnden Fingern nach rechts und links führen.*
10 kleinen Zappelmännern fällt das gar nicht schwer.	*Wiederholung*
10 kleine Zappelmänner zappeln auf und nieder.	*Die Hände mit zappelnden Fingern nach oben und unten führen.*
10 kleine Zappelmänner tun das immer wieder.	*Wiederholung*
10 kleine Zappelmänner zappeln rund herum.	*Die Hände mit zappelnden Fingern vor dem Körper kreisen.*
10 kleinen Zappelmännern ist das gar nicht dumm.	*Wiederholung*
10 kleine Zappelmänner spielen mal Versteck.	*Die Finger vor dem Körper zappeln lassen.*
10 kleine Zappelmänner sind auf einmal weg.	*Die Hände hinter dem Rücken verstecken.*
Meine Hände sind verschwunden, ich habe keine Hände mehr.	*Die Hände versteckt halten.*
Ei, da sind die Hände wieder! Tralalalala.	*Die Hände wieder hervorholen, und klatschen.*

6.2 Körperteile verstecken

Mögliches Anschlussspiel an Zappelmänner

Meine ***Augen*** sind verschwunden, ich habe keine ***Augen*** mehr.	*Die Augen mit den Händen zudecken,*
Ei, da sind die ***Augen*** wieder! Tralalalala.	*Augen aufdecken,* *klatschen*
Meine .... sind verschwunden, ich habe keine .... mehr.	*Körperteil mit den Händen verdecken,*
Ei, da sind die .... wieder! Tralalalala.	*Hände wegnehmen,* *klatschen*

Körperteile, die versteckt werden können:
Ohren, Nase, Hals, Haare Knie, Füße, Bauch, Schultern, Ellbogen, Brust, Mund, Wangen, Oberschenkel, Schienbeine, usw.

Interessant ist es, wenn nicht der Erwachsene die Körperteile vorgibt, sondern den Kindern die Initiative überlässt. Dadurch hat er eine gute Kontrolle, wie gut die einzelnen Kinder ihren Körper benennen können.

6.3 Himpelchen und Pimpelchen

Himpelchen und Pimpelchen	*Fäuste machen, die Daumen nach oben abspreizen und vorzeigen*
steigen auf einen Berg.	*mit den Fäusten nach oben gehen, Treppensteigen*
Himpelchen ist ein Wichtelmann,	*rechten Daumen zeigen*
Pimpelchen ein Zwerg.	*linken Daumen zeigen*
Sie bleiben lange sitzen	*beide Daumen zeigen*
und wackeln mit ihren Zipfelmützen.	*mit den Daumen wackeln*
Doch nach 27 Wochen	
sind sie in den Berg gekrochen.	*die Daumen in die Fäuste stecken*
Nun sei schön leis und hör schön zu:	*Fäuste an die Ohren halten*
Chr chr chr chr	*leise schnarchen*

6.4 Papa Maus

Das ist Papa Maus,	*Daumen zeigen*
sieht aus wie jede Maus.	
Hat große Ohren,	*mit den Zeigefingern große Ohren beschreiben*
eine lange Nase	*mit den Zeigefingern eine lange Nase zeigen*
und einen Schwanz, so lang.	*mit beiden Händen einen Abstand von ca 25 cm vor dem Körper zeigen*
Das ist Mama Maus,	*Zeigefinger zeigen*
sieht aus wie jede Maus.	
Hat große Ohren,	*siehe oben*
eine lange Nase,	
und einen Schwanz, so lang.	

Das ist Bruder Maus,	*Mittelfinger zeigen*
sieht aus wie jede Maus.	
Hat große Ohren,	*siehe oben*
eine lange Nase,	
und einen Schwanz, so lang.	
Das ist Schwester Maus,	*Ringfinger zeigen*
sieht aus wie jede Maus.	
Hat große Ohren,	*siehe oben*
eine lange Nase,	
und einen Schwanz, so lang.	
Das ist Baby Maus,	*Kleinen Finger zeigen*
sieht nicht aus wie jede Maus.	
Hat kleine Ohren,	*kleine Ohren beschreiben*
eine kleine Nase,	*kleine Nase zeigen*
und einen Schwanz, nur so lang.	*einen Abstand von etwa 5cm zeigen*

6.5 Große Ente

Es war einmal eine große Ente	*mit beiden Händen einen großen Abstand zeigen*
und eine kleine Ente.	*mit beiden Händen einen kleinen Abstand zeigen*
Die große Ente sagte zur	*großer Abstand*
kleinen Ente:	*kleiner Abstand*
„Geh niemals alleine ans Wasser,	*mit den Fingern den Unterarm entlang zur Hand krabbeln*
sonst kommt der große Fisch,	*mit beiden Händen einen großen Kreis vor dem Körper zeigen*
mit dem breiten Maul	*die Hände übereinander weit auseinander halten*
und frisst dich".	*und zusammen schlagen*

Doch die kleine Ente wollte	*kleiner Abstand*
nicht hören,	
sie ging doch allein zum Wasser.	*am Unterarm entlang krabbeln*
Da kam der große Fisch	*großer Kreis*
mit dem breiten Maul	*Hände übereinander*
und fraß die kleine Ente.	*zusammenschlagen*
Da weinte die große Ente.	*Augen reiben*
Nachts, als der große Fisch	*großer Kreis*
mit dem breiten Maul schläft,	*Hände übereinander*
schnarchte er ganz laut.	*Hände auf- und zumachen*
Sein Maul öffnete sich,	*Hände weit auseinander machen*
und heraus spaziert kam	*auf dem Unterarm von der Hand aus krabbeln*
die kleine Ente.	*kleiner Abstand*
Da freute sich die große Ente.	*beide Arme über den Kopf heben*
Und die kleine Ente sagte zur	*kleiner Abstand*
großen Ente:	*großer Abstand*
„Ich geh nie wieder alleine	
ans Wasser,	*auf Unterarm krabbeln*
sonst kommt der große Fisch	*großer Kreis*
mit dem breiten Maul	*Hände übereinander*
und frisst mich".	*zusammenschlagen*

6.6 Fähnchen

Wie das Fähnchen auf dem Turme sich bewegt bei Wind und Sturme, so soll sich das Händchen drehen ist gar herrlich anzusehen.	*Die Hände zeigen nach oben und* *werden hin und her gedreht, dabei.* *sind die Hände und Finger geöffnet.*

6.7 König Zwiebelbart

Es war einmal ein König,	
der hieß Zwiebelbart,	*mit den Fingern einen Bart zwirbeln*
der hatte drei Töchter.	*3 Finger zeigen* *(Daumen, Zeigefinger, Mittelfinger)*
Die erste war	*1 Finger zeigen (Daumen)*
die Prinzessin Hui,	*einen Arm hoch heben*
die zweite	*2 Finger zeigen (Daumen, Zeigefinger)*
die Prinzessin Bäh,	*Zunge rausstrecken,* *mit der Hand unter das Kinn*
und die dritte	*3 Finger zeigen* *(Daumen, Zeigefinger, Mittelfinger)*
die Prinzessin (Kussgeräusch).	*küssen*
Der König Zwiebelbart wollte,	*Bart zwirbeln*
dass seine drei Töchter heiraten.	*3 Finger zeigen* *(Daumen,Zeigefinger, Mittelfinger)*
Er rief alle Prinzen des Landes zu sich,	
die kamen angeritten.	*mit den Händen auf die Oberschenkel* *schlagen (Pferdegetrappel)*
Aber keiner	*Kopfschütteln*
wollte die Prinzessin Hui,	*Arm hochheben*
und keiner	*Kopfschütteln*
wollte die Prinzessin Bäh,	*Zunge rausstrecken*
alle wollte die Prinzessin (Kussgeräusch).	*Küssen*
Da sprach der König Zwiebelbart:	*Bart zwirbeln*
„So geht das nicht,	*Zeigefinger hin und her bewegen*
entweder es heiratet die Prinzessin Hui,	*Arm hochheben*
und es heiratet die Prinzessin Bäh,	*Zunge rausstrecken*
und es heiratet die Prinzessin	
(Kussgeräusch),	*küssen*
oder keine".	*Zeigefinger hin und her bewegen*
Da ritten die Prinzen wieder nach Hause.	*Mit den Händen auf die Beine schlagen*

Nachts, als alles schlief, kam ein Prinz	
ganz leise angeritten.	*leise auf die Beine schlagen*
Er schlich sich durch das Schlafzimmer	
des Königs Zwiebelbart,	*Bart zwirbeln*
und durch das Schlafzimmer	
der Prinzessin Hui,	*Arm heben*
und durch das Schlafzimmer	
der Prinzessin Bäh,	*Zunge rausstrecken*
und durch das Schlafzimmer	
der Prinzessin (Kussgeräusch).	*küssen*
Und gab ihr einen dicken Kuss.	*langer, lauter Kuss*
Die Prinzessin wachte auf	
und ging mit dem Prinzen	
durch das Schlafzimmer	
der Prinzessin Bäh,	*Zunge rausstrecken*
und durch das Schlafzimmer	
der Prinzessin Hui,	*Arm heben*
und durch das Schlafzimmer	
des Königs Zwiebelbart,	*Bart zwirbeln*
und sie ritten davon.	*auf die Beine schlagen*

6.8 Löwenjagd

Sollen wir auf Löwenjagd gehen?	
JA	
Dann gehen wir auf Löwenjagd.	
Türe auf	*eine Tür öffnen*
und los geht es.	*mit den Händen auf die Beine schlagen*
-Luft einziehen-	
Ist das der Löwe?	*nach vorne zeigen*
Nein, das ist eine Wiese,	*Kopf schütteln und abwinken*
da müssen wir rüber.	*Hände aneinander reiben*
Und weiter geht es.	*auf die Beine schlagen*
-Luft einziehen-	
Ist das der Löwe?	*nach vorne zeigen*
Nein, das ist ein Sumpf,	*Kopf schütteln und abwinken*
da müssen wir durch.	
Schuhe und Strümpfe ausziehen.	*so tun, als ob beides ausgezogen wird*
Wir waten durch.	*die Hände langsam vom Bein nach oben*
Heben und dabei schlürfen	
Endlich sind wir durch.	
Wir ziehen Strümpfe und	*alles wieder anziehen*
Schuhe wieder an.	
Und weiter geht es.	*auf die Beine schlagen*
-Luft einziehen-	
Ist das der Löwe?	*nach vorne zeigen*
Nein, das ist ein See,	*Kopf schütteln und abwinken*
da müssen wir durch.	
Wir ziehen Pullover, Hose,	*so tun, als ob alles ausgezogen wird*
Schuhe und Strümpfe aus,	
legen sie auf den Kopf	*eine Hand auf den Kopf*
und schwimmen durch.	*mit der anderen Hand schwimmen*
Wieder anziehen, zuerst die	*so tun, als ob alles wieder angezogen wird*
Hose, den Pullover und	
dann die Schuhe.	
Und schon geht es weiter.	*auf die Beine schlagen*
-Luft einziehen-	
Ist das der Löwe?	
Nein, das ist ein Baum,	*Kopf schütteln und abwinken*
da müssen wir rauf.	*Fäuste übereinander setzen, klettern*
Von da oben haben wir eine	
gute Aussicht.	*flache Hand über die Augen halten*
Da vorne, ist das der Löwe?	*zeigen*
O ja, das ist er.	
Jetzt aber schnell nach Hause.	

Wir müssen schnell vom Baum	*mit den Fäusten abwärts klettern*
und schnell weiterlaufen.	*schnell auf die Beine schlagen*
Da ist der See,	
schnell Hose, Pullover und Schuhe ausziehen,	*„ausziehen", auf den Kopf legen*
schnell durchschwimmen	*schwimmen*
und wieder anziehen,	*„anziehen"*
schnell weiterlaufen.	*schnell auf die Beine schlagen*
Da ist der Sumpf,	
schnell Schuhe und Strümpfe ausziehen,	*„ausziehen"*
durchwaten,	*Hände hochheben und schmatzen*
und schnell wieder anziehen.	*„anziehen"*
Schnell weiterlaufen.	*schnell auf die Beine schlagen*
Da kommt die Wiese,	
wir müssen schnell darüber.	*Hände aneinander reiben*
Schnell rennen wir weiter,	*schnell auf die Beine schlagen*
ins Haus hinein	
und machen die Tür zu.	*Türe schließen*
Uff, geschafft.	*zurücklehnen*

6.9 Pferderennen

Alle sitzen Schulter an Schulter in einem Kreis

Sind alle Pferde an ihrem Platz?	*Kinder rufen: ja*
Dann kann es ja losgehen.	
Auf die Plätze, fertig, los.	
Alle Pferde beginnen mit leichtem Trab,	*langsames Schlagen auf die Oberschenkel,*
da vorne kommt das erste Hindernis.	*vom Stuhl aufstehen, die Hände von der*
Brust aus im Bogen nach vorne führen	
Und weiter geht es, immer schneller.	*schnelleres Schlagen auf die Oberschenkel*
Es kommt eine Linkskurve	*alle lehnen sich nach links*
und es geht wieder geradeaus.	*gerade setzen und weiter schlagen*
Achtung, eine große Hecke	*aufstehen, und/oder Bogen ...*
und eine Rechtskurve.	*alle lehnen sich nach rechts*
Weiter geht's geradeaus,	*gerade setzen*
immer schneller und schneller.	*noch schneller schlagen*
Da links kommt die Tribühne,	*nach links schauen und winken*
der Wassergraben	*aufstehen, und/oder Bogen ...*
und wieder eine Rechtskurve.	*alle lehnen sich nach rechts*
Ein großer Zaun	*aufstehen, und/oder Bogen ...*
und wir werden immer schneller.	*sehr schnelles Schlagen*
Eine Linkskurve.	*nach links lehnen*
Da, die Zielgerade,	
wir geben unser Bestes	*sehr, sehr schnelles Schlagen*
und haben gewonnen!	*jubeln*

6.10 Alle ... fliegen hoch

Alle Kinder sitzen im Kreis und halten ihre Hände auf dem Schoß. Der Erwachsene sagt nun: „Alle ... fliegen hoch". Dabei streckt er die Hände nach oben. Auch die Kinder müssen ihre Hände so schnell wie möglich nach oben strecken, allerdings nur bei Gegenständen, die wirklich fliegen können.

Der Erwachsene kann die Arme auch willkürlich nach oben heben, um die Kinder zu verwirren. Die Kinder können sich demnach nicht an der Bewegung des Erwachsenen orientieren, sondern müssen genau hinhören.

Fliegende Gegenstände:

Vögel, Flugzeug, Rakete, Raumschiff, Hubschrauber, Luftballon, Zeppelin, Heißluftballon, Drachen, Schmetterlinge, Marienkäfer, Bienen, Libellen.

Nichtfliegende Gegenstände:

Hunde, Katzen, Erdbeeren, Pizzen, Autos, Tische, Teller ...

6.11 Klatschspiel

Jeweils zwei Kinder stellen sich gegenüber und halten die Hände (Handflächen aneinander) vor den Bauch, die Fingerspitzen der beiden Kinder berühren sich. Ein Kind versucht, dem anderen Kind leicht auf die Hände zu schlagen, während das zweite Kind seine Hände wegzieht. Das erste (schlagende) Kind darf so lange weiter „schlagen", bis es die Hände des anderen Kindes nicht mehr trifft. Dann werden die Rollen getauscht.

Der Erwachsene sollte darauf achten, dass die Kinder nicht fest schlagen.

7. Kleine Spiele

Die kleinen Spiele, die ich hier näher beschreibe, sind für die Gestaltung einer Sportstunde im Sinne der Psychomotorik geeignet.

Es ist nicht zwingend notwendig in jeder Stunde ein Spiel durchzuführen, doch ist es eine für Kinder notwendige und sinnvolle Bereicherung der Erfahrungen. Es ist nicht sinnvoll, die Kinder aus einer intensiven Bauphase oder Experimentierphase herauszuholen, nur weil das Spiel noch auf dem Plan steht. Der Erwachsene sollte zwar immer ein Spiel in petto haben, doch nur dann einsetzen, wenn die Kinder dazu bereit sind, denn nur dann sind sie aufnahmefähig und erweitern ihre Fähigkeiten. Manchmal kann es natürlich auch sein, dass die Kinder ein Spiel zum Austoben benötigen, obwohl eine Entspannung geplant wurde.

Sport, egal ob im Verein, in der Schule oder im Kindergarten soll den Kindern in erster Linie **Spaß bereiten und die eigene Kreativität fördern.** Starre Vorgaben seitens der Erwachsenen gibt es im Alltag und Schulunterricht schon oft genug, so dass sie bei der Bewegungsschulung vermieden werden sollten.

Psychomotorik fordert vom Erwachsenen Flexibilität und Engagement. Obwohl ich hier die **Spielregeln** aufgeschrieben habe, ist es sinnvoll, sie **gemeinsam mit den Kindern zu erarbeiten** und auf die entsprechende Gruppe zu erweitern oder zu verändern. Besonders wertvoll für die Kinder ist es, möglichst als Gruppe ohne den Erwachsenen die Regeln aufzustellen, vor allem, wenn ein Spiel bekannt ist und die Regeln nur noch einmal wiederholt werden müssen. **Die Spiele fördern sowohl das Ausleben des Bewegungsdrangs als auch Erfahrungen mit dem eigenen Körper in der Bewegung und mit Materialien.** Außerdem werden die vorhandenen Bewegungsmuster geschult, erweitert und differenziert. Die Umwelt wird durch die Bewegung wahrgenommen und verändert, aber auch verstanden.

Gegenstände, die für die folgenden Spiele benötigt werden, ggf. angefertigt werden müssen, sind **fettgedruckt.**

Die kleinen Spiele stammen aus mündlicher Überlieferung oder sind das Ergebnis meiner Arbeit.

7.1 Spiele ohne Sieger und Verlierer

7.1.1 Für Paare oder Einzelspieler

7.1.1.1 Magnetspiel

⇒ Förderung der Körperkoordination, der Bewegungsfähigkeit, des räumlichen Sehens und der Orientierung sowie das Kennenlernen des Körpers

Unser ganzer Körper und der ganze Raum um uns herum kann nun magnetisch werden. Und zwar werden immer die Dinge zueinander magnetisch, die der Erwachsene in den Raum ruft. Das bedeutet, dass sich diese beiden Teile miteinander verbinden müssen, sich also berühren. Das können zum Beispiel sein:

- der rechte Fuß mit der/einer Tür
- alle linken Zeigefinger
- der linke Fuß mit der Wand und die rechte Hand mit dem Boden
- immer zwei Popos

- der linke Ellenbogen mit dem rechten Knie des Nachbarn
- ein Zeigefinger mit der Bank und ein Fuß mit dem Nachbarknie
- das Kinn mit der Matte
- rechter kleiner Finger mit der Stirn und linker Fuß mit dem rechten Knie

Die Liste der Möglichkeiten ist natürlich endlos und kann von Ihnen individuell erweitert werden. Natürlich kann ein Dreijähriger noch nicht so komplexe Aufgaben erfüllen wie ein Zehnjähriger. Aber es gibt in diesem Spiel für die Kleinen und Großen ausgiebige Gestaltungsmöglichkeiten.

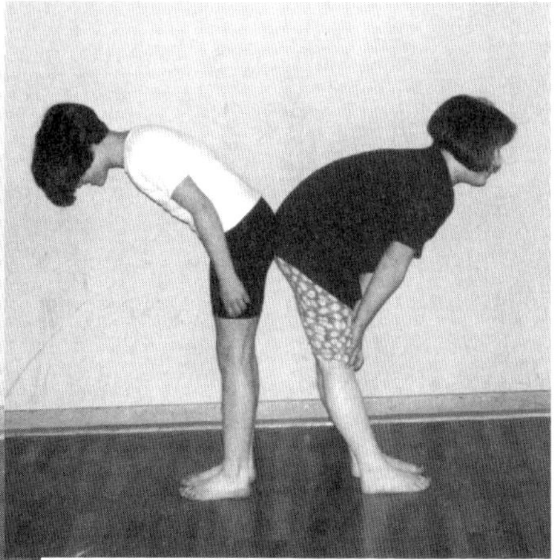

7.1.1.2 Gehe zu

⇒ Förderung der Merkfähigkeit, der Begriffsbildung und der Raumorientierung

Bei diesem Spiel werden **verschiedene Gegenstände** im Raum verteilt, z.B. blauer Reifen, gelbes Seil, Kegel, kleiner Kasten, großer Kasten, Fußball, Tennisball, Tuch, Gymnastikstab, Bausteine. Die Kinder sitzen alle auf der Bank und bekommen nacheinander ein **Kärtchen gezeigt, auf dem ein Gegenstand zu sehen ist.** Zu diesem Gegenstand muss nun das Kind gehen. Da das Zeigen der Kärtchen recht schnell geht, müssen die Kinder nicht lange auf der Bank sitzen und warten. Wenn alle Kinder ihren Gegenstand erreicht haben, ruft der Erwachsene sie zur Bank zurück.

Haben alle Kinder die Aufgabe auf Anhieb gelöst, kann sie erschwert werden. Die Kinder müssen nun z.B. von der Bank zum Tennisball und dann zum großen Kasten gehen. Dies sollte mit einem **Kärtchen, auf dem beide Gegenstände nacheinander** aufgemalt sind, dargestellt werden. Haben die Kinder auch dies gemeistert, kann der Erwachsene den Weg immer weiter verlängern.

Wichtig ist, dass die Kinder den Überblick behalten können und der Erwachsene noch weiß, wer wohin gehen muss, damit er eine Kontrolle hat, inwieweit sich ein Kind die Reihenfolge merken kann.

Achtung! Nicht das Kind verbessern. Falls es nur ein einmaliges Versehen war, ist es egal, bei häufigen Fehlern kann man einen Gegenstand weglassen. Dies ist einfach zu tun, ohne dass es gleich alle Kinder merken, denn jedes Kind bekommt ein anderes Kärtchen gezeigt und die anderen wissen nicht, was darauf abgebildet ist. Da jedes Kind mit seinem eigenen Weg zu tun hat, wird es nicht auffallen, ob man zwei oder drei Gegenstände anläuft.

Bei Schulkindern, die schon gut lesen können, kann man auch die Reihenfolge der **Gegenstände aufschreiben.**

7.1.1.3 Figuren legen

⇒ Förderung der Auge - Hand - Koordination, des räumlichen Vorstellungsvermögens

Jedes Kind erhält ein **Seil** und sucht sich einen Platz in der Halle. Nun bekommen die Kinder die Aufgabe, eine Figur zu legen. Sind alle Kinder damit fertig, kann eine neue Form genannt werden. Es kann auch so gespielt werden, dass sich jedes Kind eine Figur ausdenkt und alle Kinder sie dann legen. Je nach Entwicklungsstand der Kinder kann der Schwierigkeitsgrad verändert werden. Es ist auch möglich die Figuren mit den nackten Füßen zu legen.

Mögliche Figuren: Kreis, Viereck, Dreieck, Haus, Herz, Schnecke, Zahlen, Buchstaben, Kreuz, Pfeil, Baum, Blume, Schiff, Fisch, Flugzeug, Auto, Stuhl, Tisch

Variante: Die Figuren können auch mit **Tüchern** gelegt werden.

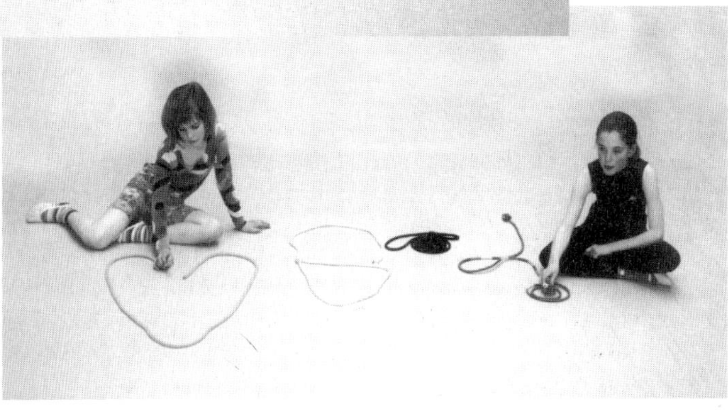

7.1.1.4 Knall, knall, knall

⇒ Förderung der Bewegungskoordination und der Raumorientierung

Alle Kinder versammeln sich in der Mitte der Halle und hocken sich in einen kleinen Kreis. Nun rufen alle gleichzeitig: „Knall, knall, knall, wir fliegen durch das All". Nach diesen Worten stehen alle Kinder auf und fliegen durch die Halle. Nach etwa einer Minute ruft der Erwachsene: „Wir landen auf dem Planet der Katzen". Alle Kinder fliegen nun zum Erwachsenen hin und bewegen sich dort wie die Katzen. Nach etwa zwei Minuten versammeln sich alle im Kreis und rufen wieder: „Knall, knall, knall...." . Der Erwachsene wechselt vor jedem neuen Planeten seinen Standort. Soll das Spiel beendet werden, landen alle wieder auf dem Planet Erde (Anfangspunkt).

Mögliche Planeten:

- Schlangen: auf dem Bauch über die Erde winden
- Katzen: Krabbeln mit Katzenbuckel (Rundrücken)
- Hunde: auf Händen und Füßen gehen
- Bären: Bärengang, auf gestreckten Armen und Beinen gehen
- Dreibeinland: auf zwei Händen und einem Fuß krabbeln
- Krebse: Hände und Füße auf die Erde, Bauch zeigt zur Decke, rückwärts gehen
- Spinnen: wie Skorpion, nur vorwärts gehen
- Hasen: in der Hocke nach vorne hüpfen, die Hände zuerst aufsetzen
- Frösche: aus der Hocke in den Strecksprung springen
- Elefanten: eine Hand an die Nase, den anderen Arm durch die Armbeuge strekken
- Flamingos: Einbeinstand, so lange wie möglich halten
- Störche: bei jedem Schritt den Fuß bis an das Knie ziehen, evtl. auf Zehenspitzen gehen
- Riesen: auf Zehenspitzen gehen, die Arme nach oben strecken
- Zwerge: in der Hocke gehen, sich so klein wie möglich machen
- Baumstämme: auf der Erde liegend um die Längsachse drehen

7.1.1.5 Spiegelbild

⇒ Förderung der visuomotorischen Fähigkeit, des Sozialverhaltens und der Bewegungserweiterung

Die Kinder bilden Paare und stehen sich gegenüber. Einer von ihnen macht nun eine Bewegung vor, die der andere wie ein Spiegel nachmacht. Zunächst sollte es nur eine Körperhaltung sein, die später zu ganzen Bewegungsabläufen ausgeweitet werden kann. Nach einer Weile werden die Rollen getauscht.

7.1.1.6 Statue

⇒ Förderung der visuomotorischen Fähigkeit und des Einfühlungsvermögens

Auch hier werden Paare gebildet. Während sich ein Kind die Augen zuhält, nimmt das zweite eine ausgedachte Position im Stehen, Sitzen oder Liegen ein. Das erste Kind schaut sich nun die Position genau an und versucht sich genauso zu plazieren.

Als Steigerung kann man dem ersten Kind die Augen während des gesamten Spiels verbinden, so dass es die Körperhaltung ertastet und blind nachbauen muss. Sobald das Kind meint die passende Stellung gefunden zu haben, nimmt man ihm das **Tuch** ab und lässt beide Kinder ihre Positionen vergleichen.

7.1.1.7 Luftballontreten

⇒ Förderung der Reaktion und der Geschwindigkeit

Jedes Kind bekommt einen **Luftballon** um den Fuß gebunden. Auf Kommando müssen die Kinder versuchen den Luftballon der anderen zu zertreten und gleichzeitig ihren eigenen schützen. Spielende ist, wenn alle Ballons zerstört sind.

7.1.1.8 Irrgarten

⇒ Förderung der Raumorientierung und der Körpereinschätzung

An allen **Befestigungsmöglichkeiten** (Sprossenwand, Barren, Kästen, Balken, Reck usw.) der Turnhalle werden **Seile** befestigt und miteinander verbunden. Dadurch entsteht ein wirres Durcheinander mit den Seilen. Die Kinder haben nun die Aufgabe durch die Seile hindurch zu gehen und zu kriechen, sich darüber hinweg und darunter hindurch zu bewegen ohne sie zu berühren.

7.1.2 Gruppenspiele

7.1.2.1 Obstsalat

⇒ Förderung der Begriffsbildung und Umsetzung in eine Bewegung, sowie der Raumorientierung

Alle Kinder stehen oder sitzen in einem Kreis. Nun bekommt jedes Kind den Namen einer Obstsorte, z.B. Erdbeere, Banane, Kirsche, Traube, Apfel, Kiwi. Der Erwachsene ruft dann zwei Obstsorten, die die Plätze tauschen. Ruft der Erwachsene Obstsalat, dann tauschen alle Kinder ihren Platz. Je schneller der Erwachsene die verschiedenen Obstsorten ruft, desto lebendiger wird das Spiel.

7.1.2.2 Roboter

⇒ Förderung der Raumorientierung, der Planung, des geplanten Handelns und des Verantwortungsgefühls

Bei diesem Spiel gibt es zwei bis drei Ingenieure, alle anderen Kinder sind Roboter. Die Roboter dürfen immer nur geradeaus gehen und müssen vor einer Wand auf der Stelle treten. Die Ingenieure müssen nun dafür sorgen, dass die Roboter nicht gegen die Wand laufen oder zusammenstoßen. Das erreichen die Ingenieure, indem sie die Roboter in eine andere Richtung drehen.

7.1.2.3 Waschstraße

⇒ Förderung der Körperwahrnehmung und des Einfühlungsvermögens

Die Kinder stehen sich in zwei Reihen gegenüber. Nun beginnt das erste Kind der Reihe langsam durch die Straße zu gehen. Die stehenden Kinder werden nun das Kind reinigen, indem sie ihm über alle Körperteile streichen, reiben, drücken, mit einzelnen Fingern oder der ganzen Hand leicht klopfen, usw. . Jedes Kind sollte sich etwas Eigenes ausdenken, sodass dem Auto viele verschiedene Berührungen zuteil werden. Wenn ein Kind vorher einen Körperteil nennt, an dem es nicht gekitzelt werden möchte, so muss die Gruppe das berücksichtigen und diesen Körperteil auslassen. Ist das erste Kind fertig, stellt es sich hinten an und das zweite kann beginnen.

7.1.2.4 Riesenbild

⇒ Förderung der gemeinsamen Planung und Durchführung

Das Spiel verläuft ähnlich wie „Figuren legen". Diesmal bekommt die ganze Gruppe eine Aufgabe gestellt, die sie gemeinsam legen muss. Hierfür benötigt jedes Kind das gleiche Material. Das können z.B. Kissen, Seile oder Tücher sein. Je nach Figur muss eine größere Anzahl des Materials vorhanden sein.

Man kann auch verschiedene Materialien verwenden, doch sollte jedes Kind ein Teil besitzen. Schwierige Formen und Bilder kann man auch vorher auf Karten malen und dann sichtbar auslegen, damit die Kinder immer wieder vergleichen können.
Figuren können auch durch Kinder dargestellt werden.

7.1.2.5 Riesenkunstwerk

⇒ Förderung der Kreativität und des räumlichen Vorstellungsvermögens

Alle Kinder bauen gemeinsam an einer Maschine oder einem Kunstwerk. Sie sitzen in einem Kreis. Nacheinander geht ein Kind in die Kreismitte und nimmt irgendeine Position ein, das nächste Kind stellt sich als Erweiterung daran und so geht es immer weiter, bis alle Kinder ihren Platz im Kunstwerk haben.
Eine Variante zum Menschenkunstwerk ist der Bau aus Materialien. Hierzu bekommt jedes Kind einen Gegenstand. Entweder erhalten alle das gleiche Material oder jeder darf sich etwas aus einer größeren Anzahl aussuchen. Auch hier gehen die Kinder nacheinander zur Kreismitte und legen ihr Material nach ihren Vorstellungen hinzu.
Mögliches Material: Reifen, Tücher, Kissen, Schaumstoffbausteine, Kegel, Seile, Bälle, Kuscheltiere.

7.1.2.6 Knotenmutter

⇒ Förderung der gemeinsamen Planung und des Sozialverhaltens

Alle Kinder stehen in einem kleinen Kreis mit dem Gesicht zur Mitte und schließen die Augen. Sie strecken nun ihre Hände in die Mitte und fassen irgendeine der anderen Hände. Wenn alle Hände miteinander verbunden sind, werden die Augen wieder geöffnet. Nun muss die verknotete Gruppe gemeinsam versuchen den Knoten zu lösen. Dabei darf keine Verbindung gelöst werden.
Die Verbindungen können auch mit Seilen oder Heulrohren vorgenommen werden.
Nicht jede dieser Knotenverbindungen kann man entwirren!

7.1.2.7 Wanderbrücke

⇒ Förderung der gezielten Bewegung und des sozialen Miteinander

Zunächst bekommt jedes Kind zwei **Teppichfliesen, Tücher oder Schaumstofffrisbees.** Nun muss das Kind versuchen, mit diesen Teilen den großen Fluss (Erde) zu überqueren. Die Kinder dürfen nur auf die Brückenteile treten, sonst werden sie nass oder von Krokodilen gefressen. Sie müssen sich also auf ein Teil stellen und das andere vor sich legen. Nun stellen sie sich auf das zweite Teil, heben das erste auf und legen es vor sich hin usw. .
Sind die Kinder am Ziel angelangt, werden Paare gebildet, die dann drei Teile bekommen. Das Spiel kann gesteigert werden, indem alle Kinder über eine Brücke gehen. Es muss immer ein Teil mehr zur Verfügung stehen als Kinder mitmachen.

Bitte geben Sie den Kindern nur den Auftrag, das andere Ufer zu erreichen und erklären nicht, wie die Brückenteile anzuwenden sind. Die Kinder kommen meist sehr schnell selbst auf die Lösung.

Wenn unbedingt gewünscht, kann man daraus auch eine Staffel oder ein Wettspiel daraus machen. Dafür müssen zwei Mannschaften gebildet werden, die so schnell wie möglich die andere Seite des Ufers erreichen sollen. Es können auch einzelne Kinder gegeneinander antreten.

Weitere Steigerung: Wer auf den Hallenboden tritt, muss von vorne beginnen.

7.1.2.8 Atomspiel

⇒ Förderung der visuellen Wahrnehmung und Differenzierung, sowie der Bewegungserweiterung

Alle Kinder laufen durch den Raum, der Erwachsene ruft z.B. „Alle Kinder mit der gleichen Hosenfarbe stellen sich zusammen". Die Kinder führen die Anweisung aus. Wenn alle Gruppen richtig sortiert sind, laufen wieder alle durch den Raum.

Weitere Bewegungsmöglichkeiten: schleichen, kriechen, krabbeln, rückwärts gehen, seitwärts gehen, hüpfen.

Weitere Verbindungsmöglichkeiten: Gleichaltrige, Große, gleiche Schuhfarbe, Schuhgröße, Augenfarbe, Haarfarbe, Lieblingsfach, gleiche Anzahl der Buchstaben im Vornamen, Pullifarbe, Schuhwerk usw.

7.1.2.9 Der Größe nach

⇒ Förderung der Orientierung

Ein bis zwei Kinder werden beauftragt, die Gruppe der Größe nach aufzustellen. Nachdem alle Kinder in einer Reihe stehen, merkt sich jedes Kind seinen Platz.

Danach werden die Kinder wieder der Größe nach aufgestellt, doch diesmal mit nach oben gestreckten Armen, sitzend oder kniend. Die Kinder werden feststellen, dass sie immer an einer anderen Stelle der Reihe stehen. Manchmal ist der „Kleinste" ein „Sitzriese".

Variante: Die Kinder stellen die Gruppe mit geschlossenen Augen in die entsprechende Reihenfolge.

Besonders interessant für die Kinder ist es, die verschiedenen Reihen im Spiegel zu beobachten.

7.1.2.10 Was hat sich verändert?

⇒ Förderung der Konzentration, der Gedächtnisleistung und der visuellen Wahrnehmung

Die Kinder teilen sich in zwei gleich große Gruppen ein und stellen sich in zwei Reihen gegenüber. Gruppe A hat nun drei Minuten Zeit, Gruppe B genau zu beobachten und sich jedes Detail zu merken. Dann geht Gruppe A hinaus. Gruppe B verändert sich, indem 10 Teile in ihrer Gruppe ausgetauscht werden, z.B. Haargummi, Schuhe, Kleidung, Brille, Leggins zu Radlerhosen hochziehen. Gruppe A wird wieder hereingerufen und muss nun die Veränderungen feststellen. Danach werden die Rollen getauscht.

7.1.2.11 Riesenschlange

⇒ Förderung der Gemeinschaft und der Körperkoordination

Alle Kinder liegen in einer langen Reihe auf dem Bauch und halten den Vordermann an den Füßen. Die Schlange muss nun versuchen gemeinsam durch die Halle zu kriechen, sich gemeinsam zu drehen und über **niedrige Hindernisse** zu gelangen.

Es ist auch möglich, zunächst nur zwei Kinder gemeinsam eine Schlange spielen zu lassen, die immer weiter vergrößert werden kann.

7.1.2.12 Riesenschildkröte

⇒ Förderung der Gemeinschaft

Mehrere Kinder liegen oder knien gemeinsam unter einer **Matte** oder einem **Tuch** und bewegen sich gemeinsam durch die Halle.

7.2 Spiele mit kurzfristigen Sieger

7.2.1 Spiele für Paare oder Einzelsieger

7.2.1.1 Schwarzer Mann

⇒ Förderung der Bewegungsgeschwindigkeit, der Reaktion und der Umsicht

Ein Kind steht an einer Hallenwand, alle anderen Kinder stehen an der gegenüberliegenden Wand. Das einzelne Kind ist der schwarze Mann und ruft: „Wer hat Angst vorm schwarzen Mann?". Die Gruppe antwortet: „Niemand". Darauf ruft der schwarze Mann: „Und wenn er kommt?". Die Gruppe antwortet: „Dann laufen wir". Bei diesen Worten beginnt die Gruppe durch die Halle zur Stirnseite zu laufen, möglichst ohne von dem schwarzen Mann abgeschlagen (gefangen) zu werden. Ist ein Kind gefangen, so wird es auch zum schwarzen Mann und hilft ihm in der nächsten Runde beim Rufen und Fangen. Sieger ist das Kind, welches am Ende übrig bleibt. Dieses Kind darf in der nächsten Runde der schwarze Mann sein. Merkt der Erwachsene, dass immer nur die gleichen Kinder gewinnen, so sollte er dafür sorgen, dass eine feste Reihenfolge beim Bestimmen des nächsten schwarzen Mannes eingehalten wird, egal, wer der Sieger war.

7.2.1.2 Fischer, welche Fahne weht heute?

⇒ Förderung der Farben und der visuellen Wahrnehmung

Gleiche Spielart wie *Schwarzer Mann*.

Die Gruppe ruft: „Fischer, Fischer, welche Fahne weht heute?", worauf der Fischer eine Farbe nennt. Alle Kinder, die in ihrer sichtbaren Kleidung diese Farbe haben, dürfen auf die andere Hallenseite gehen. Wer diese Farbe nicht trägt, muss rennen und kann vom Fischer abgeschlagen werden. Wer abgeschlagen wurde, hilft dem Fischer. Sieger und neuer Fischer werden wie beim *Schwarzen Mann* ermittelt.

7.2.1.3 Fischer, wie tief ist das Wasser?

⇒ Förderung der Bewegungsvielfalt

Gleiche Spielart wie *Schwarzer Mann.*
Die Gruppe ruft: „ Fischer, Fischer, wie tief ist das Wasser?". Der Fischer antwortet mit einer Streckenangabe, z.B. „20 Meter tief". Darauf fragt die Gruppe: „Und wie kommen wir rüber?" Der Fischer antwortet mit einer Bewegungsart. Alle müssen nun mit dieser Bewegung die andere Seite erreichen (auch der Fischer). Auch hier fängt der Fischer die Gruppe.
Mögliche Bewegungsarten: laufen, drehen, hüpfen, kriechen, krabbeln, siehe auch *Knall, knall, knall*

7.2.1.4 Mutter, wie weit darf ich reisen?

⇒ Förderung der Bewegungsvielfalt

Gleiche Aufstellung wie *Schwarzer Mann.*
Die Gruppe ruft: „Mutter, Mutter, wie weit darf ich reisen?" Die Mutter nennt nun ein Maß, z.B. 3 Gänsefüßchen, 5 Riesenschritte, 2 Strecksprünge, 8 Baumstammdrehungen, 7 Einbeinsprünge. Daraufhin bewegen sich die Kinder dementsprechend vorwärts. Wer zuerst die „Mutter" erreicht, ist die neue „Mutter". Führt ein Kind die Bewegungen nicht richtig aus, kann die „Mutter" das Kind zurückschicken.

7.2.1.5 Ochs am Berg

⇒ Förderung der Reaktion und der Konzentration

Gleiche Aufstellung wie *Schwarzer Mann.*
Das einzelne Kind hält sich die Augen zu oder dreht sich mit dem Gesicht zur Wand. Dabei sagt es: „1, 2, 3, 4, Ochs am Berg". Während das Kind dies ruft, dürfen alle anderen Kinder laufen. Sobald das Kind mit dem Rufen fertig ist, dreht es sich um oder macht die Augen wieder auf und schaut zu der Gruppe. Die Gruppe muss ganz still stehen. Wer sich bewegt, wird vom Ochsen wieder zum Anfang geschickt und muss neu starten. Wer zuerst die Wand beim Ochsen anschlägt, ist der neue Ochse.
Variante: Der Ochse hat einen Schatz, den die Gruppe ihm wegnehmen muss. Sobald ein Kind den Schatz hat, läuft es zum Ausgangspunkt. Wird es auf dem Weg vom Ochsen nicht gefangen, so darf es der nächste Ochse sein. Wird es gefangen, bestimmt der Ochse den nächsten Ochsen.

7.2.1.6 Katz und Maus

⇒ Förderung der Reaktion und der Gruppenaktivität

Ein Kind spielt die Maus (Gejagte) und ein Kind die Katze (Fänger). Alle anderen Kinder bilden einen großen Kreis und halten sich dabei an den Händen. Die Maus steht im Kreis, während sich die Katze außerhalb befindet. Die Katze ruft nun: „Maus, Maus, komm heraus, sonst kratz ich dir die Augen aus!" Darauf antwortet die Maus mit Ausreden, warum sie nicht herauskommen kann. Die Katze ruft nun wieder ihren Satz, auch diesmal reagiert die Maus mit Ausreden. Ein drittes Mal ruft die Katze ihren Spruch. Spätestens jetzt (und darauf sollte der Erwachsene achten) rennt die Maus aus dem Kreis heraus vor der Katze davon. Eine wilde Jagd beginnt, wobei die Gruppe die Maus tatkräftig unterstützt, indem die Gruppe die Arme hochheben, wenn sie kommt, damit sie ungehindert in den Kreis hinein oder aus ihm heraus laufen kann. Außerdem nimmt die Gruppe die Arme herunter und stellt sich dicht beieinander, um der Katze den Zutritt in den Kreis zu verschließen. Ist die Maus gefangen, ist das Spiel beendet und zwei andere Kinder spielen Katz und Maus.

Variante: Der Kreis wird nicht ganz geschlossen. Es bleibt also immer eine Lücke.

Mögliche Ausreden der Maus, die sich die Kinder aber selbst ausdenken sollten:

- Geht nicht, ich muss noch frühstücken.
- Ich putze gerade die Zähne.
- Geht nicht, ich koche gerade.
- Ich mag nicht, ich bade.
- Geht nicht, ich putze.

7.2.1.7 Rübenziehen

⇒ Förderung der Kraft und der Ausdauer

Ein Kind darf den Gärtner spielen, während sich alle anderen Kinder als Rübe bäuchlings in einen Kreis legen und sich an den Händen halten. Der Gärtner darf nun die Rüben aus dem Garten ziehen, indem er versucht ein Kind an den Füßen aus dem Kreis herauszuziehen. **Achtung:** Aufpassen, dass die Füße nicht nach oben gezogen werden (Verletzungsgefahr des Rückens), sondern nur nach hinten! Ist ein Kind aus dem Garten gezogen, so hilft es dem Gärtner mit, wobei sich die Rüben möglichst schnell wieder verbinden müssen, damit sie mehr Halt haben. Sind alle Rüben geerntet, ist das Spiel beendet.

7.2.1.8 Tierfangen

⇒ Förderung der Bewegungsvielfalt und der Kreativität

Ein Kind ist der Fänger und versucht nun ein Gruppenmitglied abzuschlagen, damit dieses dann die Fängerrolle übernimmt. Die gejagten Kinder können sich damit in Sicherheit bringen, dass sie sich hinhocken und einen Tiernamen rufen. Sobald der Fänger weg ist, muss dieses Kind dann die Tierstimme und/oder die Bewegung nachahmen und kann dann weiter laufen. Jedes Kind darf jeden Tiernamen nur einmal rufen.

7.2.1.9 Fangen mit Hindernissen

⇒ Förderung der Bewegungsvielfalt, der Reaktion und der Ausdauer

In der Halle wird ein Hindernisparcours aufgebaut, den alle Kinder ohne Probleme bewältigen können. Ein oder mehrere Kinder übernehmen die Rolle des Fängers, der nicht auf oder über die Hindernisse darf, sondern auf dem Hallenboden bleiben muss. Die Gruppe muss nun vor dem Jäger weglaufen. Um sich zu retten und auszuruhen, dürfen die Gejagten auf die Hindernisse klettern und sind dort in Sicherheit. Damit sich nicht alle Kinder gleichzeitig ausruhen, darf immer nur ein Kind auf ein Hindernis. Sobald ein anderes Kind dazu kommt, muss das erste Kind weglaufen und kann gefangen werden.

7.2.1.10 Linienfangen

⇒ Förderung der Bewegungsvielfalt und des Gleichgewichts

Alle Kinder dürfen sich nur auf den **Linien** des Hallenbodens bewegen. Sobald der Fänger ein Kind gefangen hat, wird dieses zum Fänger, und das Spiel geht weiter. Es ist hierbei sinnvoll, das Wiederschlagen zu verbieten; das bedeutet, dass der neue Fänger nicht sofort den alten abschlagen darf.
Varianten: Alle Kinder dürfen nur seitwärts oder rückwärts gehen, Hände und Füße auf die Linien aufsetzen.

7.2.1.11 Verliebt, verlobt, verheiratet

⇒ Förderung der Auge - Hand - Koordination und der Reaktion

Alle Kinder stehen in einem Kreis und werfen sich einen **Ball** in Kreisrichtung zu. Der Ball sollte so schnell wie möglich, aber sicher und fair geworfen werden. Wer den Ball fallenlässt oder aber ihn so wirft, dass es dem nächsten nicht mehr möglich ist den Ball zu fangen, bekommt einen Titel.
Titelreihenfolge: Verliebt, verlobt, verheiratet, erstes Kind, zweites Kind, drittes Kind, Oma, Uroma.

7.2.1.12 Rollball

⇒ Förderung der Auge - Hand - Koordination und der Geschicklichkeit

Alle versammeln sich vor der Linie, die dem **Tor** am nächsten liegt. Falls kein Tor vorhanden ist, kann man zwei große Kästen benutzen. Die Kinder haben nun die Aufgabe nacheinander einen **großen Sitzball** (80-120cm ø) ins Tor zu rollen. Hat ein Kind es von der ersten Linie aus geschafft, darf es in der nächsten Runde von der nächsten Linie aus den Ball rollen. Der Erwachsene sollte darauf achten, dass die Reihenfolge eingehalten wird, da sich schon nach kurzer Zeit Unterschiede in den Abrolllinien ergeben.

7.2.1.13 Sitzball

⇒ Förderung der Auge - Hand - Koordination, Geschicklichkeit und Reaktion

Alle Kinder sitzen in der Grätsche (Fuß an Fuß) in einem Kreis am Boden und rollen sich einen oder **mehrere Bälle** so schnell wie möglich zu. Verlässt ein Ball den Kreis, wird er nicht weiter beachtet. Es wird mit den anderen Bällen weitergespielt, bis sich kein Ball mehr im Kreis befindet.

7.2.1.14 Balljagd

⇒ Förderung der Auge - Hand - Koordination, Geschicklichkeit und Reaktion

Die Kinder stehen in einem großen Kreis mit etwa zwei Metern Abstand zueinander. Mehrere Kinder befinden sich in der Kreismitte. Die Gruppe bekommt **mehrere Bälle,** die sie sich so schnell wie möglich zuwerfen muss. Die Kinder in der Kreismitte müssen nun versuchen die Bälle abzufangen. Wer einen Ball gefangen hat, darf aus der Kreismitte heraus und der, der den Ballverlust der Gruppe verursacht hat, muss nun in den Kreis hinein. Der Ball sollte nicht dem Nebenmann abgegeben werden, sondern den gegenüberliegenden Mitspielern.

7.2.1.15 Luftballontanz

⇒ Förderung der Koordination und des Einfühlungsvermögens

Alle Kinder bilden Paare und bekommen pro Paar einen **Luftballon.** Der Luftballon wird zwischen die beiden Kinder geklemmt und die beiden beginnen nun auf **Musik** zu tanzen. Wenn einem Paar der Luftballon herunterfällt, scheidet es aus. Der Luftballon kann zwischen Stirn, Bauch, Rücken, Hüfte, Schulter oder Knie geklemmt werden und darf mit den Händen nach Musikbeginn nicht mehr berührt werden.

7.2.1.16 Klammerklau

⇒ Förderung der Reaktion, der Geschwindigkeit und der Feinmotorik

Alle Kinder bekommen die gleiche Anzahl von **Wäscheklammern** an ihrer Kleidung befestigt (Bitte jedem Kind an die gleiche Stelle klemmen, damit es gerecht ist). Nun müssen die Kinder versuchen, den anderen Kindern die Klammern wegzunehmen und an sich selbst zu befestigen. Gleichzeitig müssen die Kinder versuchen, ihre eigenen Klammern zu schützen, indem sie vor den Verfolgern weglaufen. Die Klammern dürfen nicht in der Hand gehalten werden, sondern müssen sofort an der Kleidung befestigt werden.

7.2.1.17 Dreibeinlauf

⇒ Förderung der Körperkoordination und des Einfühlungsvermögens

Die Kinder schließen sich zu Paaren zusammen. Jedes Paar stellt sich nebeneinander Schulter an Schulter und bekommt nun die inneren Beine (Knöchelhöhe) mit einem **Tuch** festgebunden. Sie müssen nun mit ihren „drei Beinen" so schnell wie möglich auf die andere Seite der Halle laufen. Nach einer Proberunde kann man alle Paare gleichzeitig starten lassen, so dass sie ein Wettrennen absolvieren können.

Variante 1: Drei oder mehr Kinder bilden eine Gruppe und bekommen jeweils die inneren Beine angebunden und müssen so die Strecke überwinden.

Variante 2: Ein leichter Hindernisparcours muss überwunden werden. Dabei darf die Verbindung nicht ausschließlich am Fuß sein, sondern zusätzlich am Knie (Verletzungsgefahr).

Variante 3: Die Kinder werden im Paar oder in einer Gruppe an anderen Körperteilen verbunden: Oberschenkel, Hüfte, Arm, Schulter, Stirn. Auch an mehren Stellen gleichzeitig möglich.

7.2.1.18 Die Uhr schlägt

⇒ Förderung der Reaktion, der Konzentration und der Sprungkraft

Zwei Kinder oder Erwachsene schlagen (kreisen) ein langes Seil. Das Seil wird die ganze Zeit hindurch gleichmäßig gedreht. Die anderen Kinder stellen sich in einer Reihe auf. In der ersten Runde müssen die Kinder durch das kreisende Seil laufen, während die ganze Gruppe ruft: „Die Uhr schlägt". Wer geschafft hat, durch das Seil zu laufen ohne es zu berühren, muss das nächste Mal in das Seil hineinlaufen, einmal springen und wieder hinauslaufen, während die Gruppe ruft: „Die Uhr schlägt 1". Nach jeder geschafften Runde erhöht sich die Zahl der Sprünge, bis die Uhr 12 schlägt. Wer es nicht schafft, hat in der nächste Runde eine neue Chance.

Variante: Immer zwei Kinder laufen gleichzeitig hinein und vollführen die Uhrschläge. Auch mehr als zwei Kinder sind möglich.

7.2.1.19 Teddybär

⇒ Förderung der Reaktion, der Geschicklichkeit und der Sprungkraft

Zwei Kinder oder Erwachsene kreisen ein **langes Seil.** Die Kinder stellen sich in eine Reihe. Nacheinander läuft jedes Kind in das Seil hinein und beginnt zu springen. Die Gruppe beginnt rhythmisch zu sprechen, während der Springende die Aufgaben ausführen muss:

Teddybär, Teddybär dreh dich um.	*halbe Drehung springen*
Teddybär, Teddybär mach dich krumm.	*klein machen*
Teddybär, Teddybär bau ein Haus.	*Mit den Armen ein Dach formen*
Teddybär, Teddybär spring hinaus.	*hinauslaufen*

7.2.1.20 Plumpssack

⇒ Förderung der Reaktion und der Geschwindigkeit

Alle Kinder stehen in einem Kreis mit dem Gesicht zur Mitte. Ein Kind, der Plumpssack, geht außen um den Kreis herum mit einem **Sandsäckchen** in einer Hand. Er lässt das Säckchen unauffällig hinter einem Kind fallen und läuft um den Kreis herum zu dem Platz des Kindes, hinter dem er das Säckchen fallengelassen hat. Dieses Kind muss nun das Säckchen schnell aufheben und hinter dem Plumpssack herlaufen und ihn fangen. Hat es ihn gefangen, so muss der Plumpssack in die Kreismitte, das faule Ei. Merkt das Kind nicht, dass ein Säckchen hinter ihm liegt, und der Plumpssack ist eine Runde um den Kreis gelaufen, schlägt er das Kind ab, das nun in das faule Ei muss. Merkt ein Kind, dass ein Säckchen hinter ihm liegt und läuft dem Plumpssack hinterher, fängt ihn aber nicht, so ist es der Plumpssack. Im faulen Ei bleibt man solange, bis der nächste hinein muss. Man sollte darauf achten, dass die Kinder möglichst schnell nach Aufheben des Säckchens und Umlaufen des Kreises das Säckchen auch wieder fallenlassen. Das gibt dem Spiel ein gewisses Tempo und es wird nicht langweilig.

7.2.1.21 Reihenkegeln

⇒ Förderung der Auge - Hand - Koordination und der Geschicklichkeit

Möglichst **viele Kegel** werden von den Kindern nebeneinander auf eine Linie gestellt. Die Gruppe steht in einigem Abstand mit jeweils einem **Ball pro Kind** in der Hand so vor den Kegeln, dass alle Kegel nebeneinander sichtbar sind. Der Reihe nach darf nun jedes Kind seinen Ball auf die Kegel rollen. Die umgefallenen Kegel bleiben liegen, bis die Gruppe alle Kegel umgeworfen hat. Wenn alle Kinder gekegelt haben, holen sich die Kinder die Bälle zurück und stellen sich wieder auf.

7.2.1.22 Kegeln

⇒ Förderung der Auge - Hand - Koordination und der Geschicklichkeit

Neun Kegel werden von den Kindern aufgestellt. Die Kinder bekommen einen **Ball** und stellen sich in einiger Entfernung auf. Nun darf jedes Kind den Ball rollen und muss dabei versuchen möglichst viele Kegel umzuwerfen. Sind Kegel getroffen worden, so stellt das Kind sie wieder auf und zählt dabei die umgefallenen. Das Kind oder der Erwachsene addiert die Zahl mit denen der anderen Runden. Sind viele Kinder in einer Gruppe, so kann man mehrere Kegelstationen aufbauen.

7.2.1.23 Boule

⇒ Förderung der Auge - Hand - Koordination und der Geschicklichkeit

Jedes Kind bekommt **zwei Tennisbälle** (Lederwurfbälle oder Säckchen) und stellt sich hinter einer Linie auf. Nun wird ein andersfarbiger Ball (Schweinchen) in die Halle geworfen (von unten). Die Kinder müssen nun nacheinander versuchen, ihre Bälle so nah wie möglich an das Schweinchen heran zu werfen. Wer es schafft, seinen Ball dem Schweinchen am nächsten zu plazieren, hat gewonnen und darf in der nächsten Runde das Schweinchen werfen. Am besten kann man den Gewinner ermitteln, wenn jeder anders farbige Bälle hat. Ist die Gruppe sehr groß, kann man sie in Kleingruppen zu je vier Kinder einteilen. Die Halle kann durch Bänke in einzelne Bahnen segmentiert werden.

Dieses Spiel kann auch auf der Wiese oder einem leeren Parkplatz durchgeführt werden.

Achtung: keine Bocciakugeln oder Boulekugeln in der Halle benutzen, der Hallenboden könnte beschädigt werden.

7.2.1.24 Verstecken mit E

⇒ Förderung der Raumorientierung und der Reaktion

In der Halle werden **verschiedene Verstecke** und ein „E" aus **Bauklötzen oder Steinen aufgebaut.** Ein bis zwei Kinder sind die Suchenden. Alle anderen Kinder verstekken sich, während die Sucher sich die Augen zuhalten. Sobald alle Kinder versteckt sind, beginnen die Suchenden mit ihrer Suche. Sobald ein Kind gefunden und abgeschlagen wurde, muss es sich neben das „E" stellen. Wenn ein Kind, welches noch nicht abgeschlagen wurde, das E zerstören kann, sind alle Gefangenen wieder frei und dürfen sich neu verstecken. Die Suchenden dürfen erst wieder mit der Suche beginnen, wenn das „E" wieder aufgebaut ist. Ende des Spiels ist, wenn alle Kinder abgeschlagen wurden.

7.2.1.25 Feuer, Wasser, Blitz

⇒ Förderung der Reaktion, der Geschwindigkeit und der Bewegungsvielfalt

In der Halle müssen einige Möglichkeiten zum Hochklettern **(Taue, Kletterwand, Ringe)**, Draufsteigen **(Kasten, Matten)**, Verstecken **(Höhlen)** und Balancieren **(Bank, Schwebebalken)** sein. Der Erwachsene ruft nun einige Kommandos, die die Kinder ausführen müssen. Zwischen den Kommandos laufen (springen, gehen, schleichen, krabbeln...) die Kinder durch die Halle.

Kommandos:

- Feuer: auf den Boden legen und sich drehen (brennende Kleidung löschen)
- Wasser: auf eine Erhöhung steigen
- Blitz: sofort stehenbleiben und sich nicht mehr bewegen
- Donner: hinsetzen und mit den Füßen stampfen
- Regen: auf ein Bein stellen und die Hände über dem Kopf zusammenführen (ein Dach bilden)
- Sturm: in eine Ecke laufen
- Sonnenschein: auf den Rücken legen
- Höhle: in eine Höhle kriechen
- Bergsteigen: hochklettern
- Brücke: balancieren

Am Ende einer Stunde kann man dieses Spiel auch mit Ausscheiden spielen. Derjenige, der als letzter das Kommando erfüllt, setzt sich an den Rand und darf das nächste Kommando rufen.

7.2.1.26 Mensch, ärgere dich nicht

⇒ Förderung der Konzentration

Auf dem Hallenboden wird ein Spielfeld ähnlich eines „Mensch ärgere dich nicht" Spiels mit **Teppichpuzzleteilen, Teppichfliesen oder Tüchern** markiert. Die Kinder werden nun in Gruppen mit jeweils vier Spielern aufgeteilt. Jede Gruppe stellt eine Farbe dar. Nacheinander darf nun jedes Kind mit einem großen Würfel Punkte ermitteln. Die Regeln des Spiels sind genauso wie bei „Mensch, ärgere dich nicht": Die Kinder sind die Spielfiguren, sie würfeln selbständig und gehen die entsprechenden Felder weiter.

7.2.1.27 Achtung Hindernis

⇒ Förderung der Konzentration, des Zählvermögens und des vorausschauenden Sehens

Dieses Spiel ist ein Gesellschaftsspiel, bei dem die Kinder die Spielfiguren sind. Auf dem Hallenboden wird für jedes Kind eine Reihe mit Feldern markiert. Diese Felder sollten alle nebeneinander sein. Auf diese Felderreihen werden nun **Hindernisse** aufgestellt. Das könnten zum Beispiel Seile, Tücher, Kegel oder Ringe sein. Diese Hindernisse werden auf den Feldern 2, 5, 9 und 14 aufgebaut, natürlich bei jeder Felderreihe gleich. Nun stellen sich die Kinder am Start (Anfang einer Reihe) auf und beginnen mit dem Würfeln.

Spielregeln: Bei einer 6 muss man zurück zum Start, die Felder mit den Hindernissen dürfen nicht betreten werden. Das bedeutet, wenn man am Start eine 2 würfelt, muss man stehenbleiben, weil auf Feld zwei ein Hindernis ist. Gewonnen hat derjenige, der zuerst über die Ziellinie gekommen ist.

7.2.1.28 Pusteball

⇒ Förderung der Atmung und der Lungenkapazität

Zwei Kinder liegen sich an einer Linie gegenüber. Auf der Linie befindet sich ein **Japanball, Tischtennisball oder Watteball.** Beide Kinder müssen nun versuchen den Ball auf die andere Seite zu pusten.

Spaß macht es den Kindern auch, wenn sie die Bälle in Tore pusten können. Diese können z.B. mit aufgestellten Kartons, in denen sich Löcher befinden, leicht hergestellt werden.

7.2.2 Gruppenspiele

7.2.2.1 Mauer durchbrechen

⇒ Förderung der Gemeinschaft und der Kraft

Die Kinder teilen sich in zwei Gruppen, die sich in einem Abstand von etwa 3 Metern gegenüberstehen. Die Kinder müssen sich fest an den Händen halten. Nun bestimmt jede Mannschaft ein Kind, das versuchen muss, durch die Mauer der anderen Gruppe zu laufen. Hat es dies geschafft, dann darf es einen der beiden, bei denen es die Mauer durchbrochen hat, mit in seine Gruppe nehmen. Schafft es das Kind nicht, so muss es sich an die Stelle stellen, an der es versucht hat die Mauer zu durchbrechen. Nach und nach versuchen alle Kinder, die Mauer der anderen Mannschaft zu durchbrechen. Entweder setzt der Erwachsene eine Zeit fest und die Seite mit den meisten Kindern gewinnt oder es wird gespielt bis, auf einer Seite kein Kind mehr übrigbleibt.

Achtung: Der Erwachsene muss darauf achten, dass die Kinder normal laufen und sich nicht mit Gewalt durch die Mauer kämpfen. Besteht die Gruppe aus sehr unterschiedlich starken Kindern, kann es sein, dass diese zu fest in die Arme der anderen laufen. Der Erwachsene muss auf ein faires Spiel achten, da die Verletzungsgefahr sonst zu groß ist.

7.2.2.2 Haltet das Feld frei

⇒ Förderung der Körperkoordination und der Auge - Hand - Koordination

Die Halle wird in zwei Felder geteilt, an deren Trennlinie eine **Bank** zur Markierung steht. Jede Mannschaft bekommt die gleiche Anzahl **unterschiedlicher Bälle.** Ziel des Spiels ist es, die eigenen Bälle der anderen Mannschaft ins Feld zu werfen oder zu rollen. Es ist nicht erlaubt Bälle zu horten, um dann alle auf einmal ins andere Feld zu werfen. Die Mannschaft, die es schafft, alle Bälle aus dem Feld zu werfen, hat gewonnen. Der Erwachsene kann auch eine Zeit festsetzen, nach deren Ablauf das Spiel gestoppt wird und die Bälle gezählt werden. Die Mannschaft mit den wenigsten Bällen hat dann gewonnen.

7.2.2.3 Schweinchen treiben

⇒ Förderung der Auge - Hand - Koordination und der Ausdauer

Es werden zwei Mannschaften gebildet, die beide die gleiche Anzahl **Bälle** bekommen. In der Mitte der Halle wird ein **großer Sitzball** oder **Medizinball** plaziert. Beide Mannschaften haben nun die Aufgabe, mit ihren Bällen das Schweinchen über die Linie der anderen Mannschaft zu treiben. Erlaubt ist es den Ball zu werfen und zu rollen. Die Mannschaften dürfen aber nur bis zu einer Markierungslinie an den Ball heran. Die Abstände, die die Kinder einhalten müssen, sollte der Erwachsene anhand des Leistungsstandes seiner Gruppe und den Hallengegebenheiten festlegen.

7.2.2.4 Zielwurf

⇒ Förderung der Auge - Hand - Koordination und der Reaktion

Die Kinder werden in zwei Gruppen aufgeteilt, die beide die gleiche Anzahl **Bälle** erhalten. Jede Mannschaft hat einen **kleinen Kasten** in ihrem Feld. Der Kasten wird in etwa zwei Metern Entfernung zu einer Linie umgedreht hingestellt. Jede Mannschaft muss nun versuchen ihre Bälle in den Kasten der gegnerischen Mannschaft zu werfen. Man darf aber nur bis zu der Linie vor dem Kasten des gegnerischen Feldes gehen. Von dort aus muss geworfen werden. Seinen eigenen Kasten kann man vor den fremden Bällen schützen, indem ein Kind sich zwischen der Linie und dem Kasten aufhält und die Bälle der gegnerischen Mannschaft abfängt und sie der eigenen Mannschaft zuwirft. Bälle, die im Kasten liegen, dürfen nicht wieder herausgeholt werden. Gewonnen hat die Mannschaft, die am Ende die meisten Bälle in den gegnerischen Kasten geworfen hat.

7.2.2.5 Tag und Nacht

⇒ Förderung der Reaktion und der Körperkoordination

Die Kinder teilen sich in zwei Gruppen, eine „Tag"- und eine „Nacht"gruppe. Die beiden Gruppen stehen sich an einer Linie gegenüber. Der Erwachsene wirft nun eine **Karte oder Schläppchen,** das auf einer Seite weiß (Tag) und auf der anderen Seite schwarz (Nacht) ist. Fällt nun die Karte auf den Boden und die weiße Seite ist zu sehen, dann muss der „Tag" die „Nacht" fangen. Das bedeutet, dass die „Nacht" zu ihrer (auf ihrer Spielhälfte) Linie/Hallenwand läuft. Die Kinder, die vom „Tag" gefangen werden, wechseln nun in die „Tag"-gruppe. Zeigt die schwarze Seite nach oben, also Nacht, so muss die „Nacht" den „Tag" fangen. Um das Spiel interessanter zu gestalten, können die Ausgangspositionen verändert werden.

Achtung: Bis zu drei Meter vor der Hallenwand darf nicht mehr gefangen werden. Es besteht sonst Verletzungsgefahr. Eventuell vorhandene Bodenmarkierungen als Anhaltspunkt nehmen.

Verschiedene Ausgangspositionen: jeweils mit dem Gesicht zur Linie oder zur Wand möglich:

- Sitzen
- Stehen
- Bauchlage
- Rückenlage
- Vierfüßlerstand
- Kniestand
- Langsitz
- Schneidersitz
- Einbeinstand

7.2.2.6 Eierlaufstaffel

⇒ Förderung der Geschicklichkeit und der Auge - Hand - Koordination

Es werden zwei Mannschaften gebildet, die jeweils hintereinander in einer Reihe stehen. Jede Mannschaft erhält einen Suppenlöffel und einen Tischtennisball. Nacheinander muss nun jedes Kind den Tischtennisball auf dem Löffel durch die Halle und wieder zurück tragen. An der Anfangsposition wieder angekommen, wird der Löffel mit Ball an das nächste Kind übergeben. Fällt der Ball herunter, muss das Kind diese Bahn von vorne beginnen. Gewonnen hat die Mannschaft, deren Kinder als erste den Weg absolviert haben.

Varianten:

- In jede Hand einen Löffel mit Ball.
- Den Ball durch einen Slalomparcours balancieren.
- Den Ball über einen Hindernisparcours balancieren.
- Die Gruppen nochmals teilen, so dass auf jeder Seite der Halle ein Teil der Mannschaft steht. Somit müssen die Kinder nur eine Wegstrecke gehen.

7.2.2.7 Balancierstaffel

⇒ Förderung der Körperkoordination

Gleiche Spielart wie *Eierlauf* mit den gleichen Variationsmöglichkeiten.
Bei dieser Staffel transportieren die Kinder **Sandsäckchen** auf den Schultern, Handrücken, Ellenbogen oder auf dem Kopf. Dies kann bei jedem Durchgang unterschiedlich, sollte aber innerhalb eines Durchgangs bei allen Kindern gleich sein.

7.2.2.8 Transportstaffel

⇒ Förderung der Koordination

Gleiche Spielart wie *Eierlauf* mit gleichen Variationsmöglichkeiten.
Bei dieser Staffel müssen die Kinder **Gegenstände** transportieren. Möglichkeiten:

- Ball: rollen oder dribbeln, immer mit Körperkontakt; tragen oder prellen
- Gymnastikstab: mit zwei anderen Stäben schieben
- Seil: Seilspringen

7.2.2.9 Hindernisparcours

⇒ Förderung der Bewegungsvielfalt und der Körperkoordination

Dies ist ein Staffelspiel, bei dem ein **Hindernisparcours zu bewältigen ist.**
Aufbaumöglichkeiten:

- Bänke zum Balancieren, auch umgedreht möglich; darüber ziehen; darunter durchklettern; Ball darüber rollen
- Großer Kasten zum Überqueren

- Hütchen zum Aufbau eines Slaloms
- Kleiner Kasten zum Darübergehen
- Seil zum Seilspringen, zum Beispiel jeder 10 mal
- Ball, jeder wirft ihn 10 mal gegen die Wand
- Matte, Rolle vorwärts, Rad, ⇒ **Achtung**, nur wenn es alle Kinder ohne Hilfe beherrschen!

7.2.2.10 Verdrehter Ball

⇒ Förderung der Körperkoordination und der Auge - Hand - Koordination

Die Kinder teilen sich in zwei Mannschaften, die jeweils dicht hintereinander hinter einer Linie stehen. Das letzte Kind einer Mannschaft bekommt einen **Ball.** Ein anderes Kind stellt sich hinter eine andere Linie (etwa 2-4 Meter entfernt) mit dem Gesicht zu seiner Mannschaft. Der letzte der Reihe gibt nun den Ball über den Kopf nach vorne zum Vordersten. Dieser wirft nun dem einzelnen Kind den Ball zu. Dieses Kind wirft den Ball zurück zum Ersten und läuft an das Ende der Gruppe und stellt sich dorthin. Der Erste gibt nun den Ball durch die Beine bis zum Letzten durch und geht auf die Position des einzelnen gegenüber der Gruppe. Der Letzte gibt nun den Ball wieder nach vorne, so wie in der ersten Runde. Gewonnen hat die Gruppe, die zuerst die Anfangsaufstellung wieder eingenommen hat.

7.2.2.11 Was fehlt?

⇒ Förderung der visuellen Wahrnehmung, der Konzentration und der Gedächtnisleistung

Der Erwachsene legt je nach Gruppe **10 bis 20 verschiedene Gegenstände** in die Kreismitte. Das können z. B. Watte, Ball, Stift, Erbse, Lineal, Kegel, Säckchen, Seil, Stoff, Tennisball, Überraschungsei, Klammer sein. Die Kinder bekommen nun einige Minuten Zeit, sich alles genau anzusehen und zu merken. Günstig ist es alle Gegenstände mit den Kindern durchzusprechen und von den Kindern benennen zu lassen.

Dann schließen alle Kinder die Augen, der Erwachsene nimmt einen Gegenstand weg und die Kinder müssen erraten, was nun fehlt. Wurde der Gegenstand erraten, legt ihn der Erwachsene wieder in die Mitte. Das Kind, welches geraten hat, darf nun einen Gegenstand wegnehmen, während die anderen Kinder die Augen schließen.

Es ist auch möglich mehrere Gegenstände gleichzeitig wegzunehmen.

7.2.2.12 Wo ist das Paket?

⇒ Förderung der Reaktion

Alle Kinder bilden einen Kreis und halten sich an den Händen. Ein Kind steht in der Kreismitte. Ein Kind aus dem Kreis darf nun ein Paket an ein anderes Kind schicken. Der Absender sagt: „Ich schicke ein Paket an..." und schickt das Paket mit einem Händedruck ab. Der Druck muss so fest sein, dass der Nachbar ihn spürt, sollte aber unauffällig sein, so dass das Kind in der Mitte es nicht sieht. Das Paket wird nun durch Handdrücken bis zum Empfänger weitergeben. Die Aufgabe des Kindes in der Mitte ist es das Paket abzufangen. Sobald es merkt, wo das Paket sein könnte, muss es darauf zeigen. Ist es richtig, so ist das Paket gestoppt, wenn nicht, geht es weiter, bis der Empfänger das Paket erhalten hat. Danach darf ein anderes Kind in die Mitte.

Die Kinder im Kreis dürfen natürlich auch das Kind in der Mitte mit falschen Händedrücken täuschen.

7.2.2.13 Kettenfangen

⇒ Förderung der Reaktionsfähigkeit, der Geschwindigkeit und der Ausdauer

Ein Kind ist der Fänger, sobald es ein Kind gefangen hat, nehmen sich die beiden bei der Hand und fangen gemeinsam. Jedes weitere abgeschlagene Kind schließt sich der Kette an.

Variante 1: Sobald die Kette sechs Kinder umfasst, wird sie in der Mitte geteilt und beide Ketten fangen weiter.

Variante 2: Die Kette bleibt während des gesamten Spiels beisammen, evtl. muss bei dieser Variante der Spielraum begrenzt werden, da eine lange Kette nicht so schnell ist wie ein einzelnes Kind.

Variante 3: Alle Kinder bilden eine Kette. Nun fängt das eine Ende der Kette das andere Ende.

7.3 Vertrauensspiele

7.3.1 Kindertransport

⇒ Förderung des Vertrauens, der Verantwortung und der Körperkoordination

Alle Kinder liegen auf dem Rücken mit den Köpfen im Reißverschlusssystem aneinander. Die Hände werden zur Decke gestreckt. Das erste Kind legt sich nun steif wie ein Brett auf die Hände der anderen Kinder. Die liegenden Kinder geben nun das steife Kind weiter bis zum Ende. Dort legt es sich in die Reihe zu den anderen. Der Erwachsene muss den Kindern beim Auf- und Absteigen helfen, damit sich kein Kind auf die Liegenden fallen lässt oder am Ende herunterfällt. Danach kommt das nächste Kind an die Reihe.

7.3.2 Baumstamm stemmen

⇒ Förderung der Körperkoordination, der Körperkontrolle und der Gruppendynamik

Ein Kind legt sich auf den Boden und macht sich dabei ganz steif wie ein Baumstamm. Die anderen Kinder legen nun ihre Hände unter den steifen Körper und heben ihn langsam und gleichmäßig bis Hüfthöhe an. Dort halten sie kurze Zeit und legen ihn wieder ab. Danach wird gewechselt.

7.3.3 Kreisel

⇒ Förderung der Körperkoordination, der Konzentration und des Vertrauens

Alle Kinder stehen in einem engen Kreis mit dem Gesicht zur Mitte. Ein Kind stellt sich in die Mitte des Kreises und macht sich steif. Nun schließt es die Augen und lässt sich fallen. Die anderen Kinder fangen das Kind auf und stoßen es vorsichtig in eine andere Richtung.
Nach einer Weile wird gewechselt.

7.3.4 Blindenhund

⇒ Förderung des Verantwortungsgefühls einem Partner gegenüber, des Vorausschauens und des Einfühlungsvermögens

Es werden Paare gebildet, bei dem ein Kind der „Blinde" ist und der andere der Blindenhund. Der Blinde darf nur so gehen, wie der Blindenhund dies sagt. Nach einer Weile werden die Rollen gewechselt. Können sich die Kinder auf den Partner einlassen, werden dem Blinden die Augen mit einem **Tuch** verbunden und nun muss er sich auf das sichere Führen des Blindenhundes verlassen.
Gesteigert wird das Spiel, indem der Blindenhund nicht mehr spricht, sondern den Blinden mit leichten Berührungen an den Schultern lenkt. Dazu geht der Blindenhund hinter dem Blinden.

Erweitern kann man das Spiel noch, indem man einen **leichten Hindernisparcours** aufbaut, z.B. dünne Matte, eine Langbank, Hütchen - Slalom, Tunnel.

Verändern kann man das Spiel außerdem noch, indem man mehrere Blinde hintereinander stellt, die sich an den Schultern halten. Ein Kind ist nun der Blindenhund und stellt sich ganz nach vorne in die Schlange und führt nun die Blindengruppe vorsichtig durch den Raum und ggf. über einen leichten Hindernisparcours.

Interessant ist es auch die Blinden mit Geräuschen und **Musikinstrumenten** durch den Raum zu führen, z.B. mit Klatschen, Rasseln, Tambourin, Pfeifen, Klanghölzern.

7.3.5 Gegenverkehr

⇒ Förderung des Gleichgewichts, der Körperkoordination und der Verantwortung

Bänke werden im Raum verteilt, zunächst mit der breiten Seite nach oben, später auch mit der schmalen Seite. Die Kinder verteilen sich nun gleichmäßig an die Bänke. Von beiden Kopfseiten der Bänke wird nun die Bank gleichzeitig überquert. Die Kinder werden sich auf der Bank begegnen und müssen aneinander vorbeigehen, ohne die Bank zu verlassen. Neben den Bänken können auch Kastenoberteile, Schwebebalken oder Heidelbergertreppe aufgebaut werden.

7.3.6 Tanztüten

⇒ Förderung des Vertrauens und des Gehörs

Ein Kind (oder mehrere) zieht eine Tanztüte an, dies kann ein Stoffsack oder eine Papiertüte (z.B. aus Tapeten) sein. Die anderen Kinder stellen sich nun an den Rand der Halle und in die Ecken. Sie rufen nacheinander das Kind in der Mitte mit Namen. Das Kind in der Tanztüte geht nun so lange in die Richtung, aus der es gerufen wurde, bis ein anderes Kind ruft und die Richtung gewechselt werden muss. Die Kinder, die außen stehen, müssen darauf achten, dass kein Kind gegen die Wand läuft. Der Erwachsene sollte darauf achten, dass nicht zu viele Kinder in der Mitte stehen, da es sonst sehr verwirrend ist, wenn zu viele Namen kurz nacheinander gerufen werden. Auch sollte der Richtungswechsel nicht zu schnell hintereinander folgen. Kann ein Kind nicht auf Anhieb die Richtung erkennen, ruft das Kind den Namen nochmals, solange, bis die Richtung gefunden wurde.

7.3.7 Der verschwundene Pfad

⇒ Förderung der Konzentration und der Orientierung durch Ertasten

Auf dem Hallenboden wird mit unterschiedlich dicken **Seilen** ein langer Pfad gelegt. Dabei wird der ganze Hallenboden mit Kurven, Kreuzungen und Geraden ausgelegt. Nun gehen die Kinder barfuß auf den Seilen durch die Halle. Danach schließen sich die Kinder zu Paaren zusammen und ein Kind verbindet sich die Augen. Nun tastet sich das „blinde" Kind über den Pfad. Das andere Kind ist zur Unterstützung und Hilfe immer an seiner Seite, gibt ihm die Hand, damit der „Blinde" sich ganz auf das Ertasten konzentrieren kann und nicht auf das Gleichgewicht achten muss.

Variante: Um das Spiel noch abwechslungsreicher zu gestalten, kann der Untergrund unter den Seilen verändert werden. Der Pfad kann über Matten, Bänke, Teppichboden, Tastbretter oder Tücher gelegt werden.

Nach ein paar Minuten gibt der Erwachsene das Zeichen und die Paare wechseln ihre Rolle.

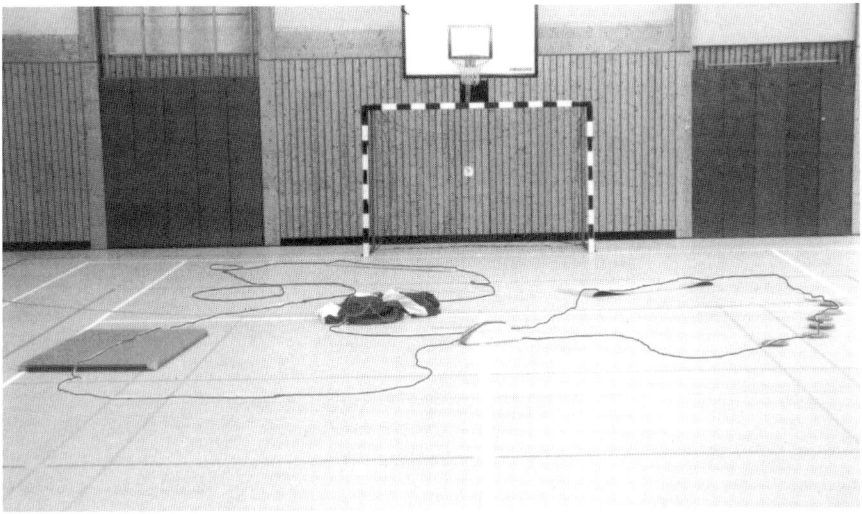

8. Große Bauwerke

In der Psychomotorik wird nur selten mit Bewegungslandschaften gearbeitet, die ein Erwachsener plant und aufbaut. Große Bauwerke werden **von Kindern geplant** und errichtet. Diese Bauwerke können ein bestimmtes Thema darstellen, eine Situation oder auch ganze Bewegungslandschaften. Der Erwachsene trägt nur die Oberaufsicht. Er passt auf, dass den Kindern nichts passieren kann und macht die Kinder, falls notwendig, auf Sicherheitsvorkehrungen aufmerksam. Die meisten Kindergruppen wissen von Anfang an, was sie bauen möchten. Anderen wiederum muss man Themen liefern, zu denen sie dann frei bauen dürfen. **Bei den Bauwerken gibt es kein „falsch" und „richtig", alles ist möglich, um ein Thema darzustellen.**

Wichtig vor dem Beginn ist es, auf jeden Fall die **Rahmenbedingungen festzulegen.** Dazu gehören die Zeit, das Material und der zur Verfügung stehende Raum.

Die festgelegte Zeit sollte die Aufbauphase und die Probierphase enthalten. Der Abbau sollte nicht darin enthalten sein. Meistens probieren die Kinder ihre Bauwerke aus, verändern sie wieder und probieren wieder aus, so lange wie man sie lässt. Sind sie mit ihrem Bauwerk zufrieden, werden sie es nur noch ausprobieren und später auch die Bauwerke der anderen. Dafür sollte man den Kindern auf jeden Fall genügend Zeit lassen, um eine gewisse Zeitvorstellung für ein großes Bauwerk zu bekommen. Es dauert meistens 45 Minuten, den Auf- und Abbau zu realisieren, inklusive einer kurzen Phase des Ausprobierens und Bewegens. Besser ist es natürlich, wenn man den Kindern noch mehr Zeit geben kann.

Die großen Bauwerke sind das Stundenthema und sollten nicht in andere Themen mit einbezogen werden. Je nach Aufwand und Motivation der Kinder kann nach einem Bauwerk noch ein kleines Spiel sinnvoll sein. Manchmal ist es günstiger, dass die Kinder ihr Bauwerk vollenden und genügend Zeit damit verbringen können sich darauf und darunter bewegen zu können. Große Bauwerke können im Laufe der Zeit zu ganzen Bewegungslandschaften ausgeweitet werden. Je nach Thema und Interesse der Kinder werden die Bauwerke größer und vielfältiger.

Eine wichtige Regel, die Sie auf jeden Fall festlegen müssen, ist die Benutzung der Materialien. Generell dürfen die Kinder alles benutzen, was der Geräteraum und die Schränke bieten. Manchmal gibt es aber Dinge, die zu gefährlich sind oder aber einer bestimmten Leistungsgruppe gehören und wichtig für deren Übungen sind. So sollten das große Trampolin, Tischtennisplatten und das Luftkissen bei allgemeinen Bauten ausgeschlossen werden. Auch sportspezifische Kleingeräte aus Leistungsgruppen sollten ausgelassen werden.

Zu Beginn der Arbeit mit den großen Bauwerken sollte man **vom Einfachen zum Schweren** und von der Einzelarbeit zur Gruppenarbeit gehen. Zunächst lässt man jedes Kind ein kleineres Bauwerk alleine errichten. Dafür eignet sich vor allem der Bau eines eigenen Hauses. Danach kann man die Kinder zu zweit bauen lassen. Auch dafür sind Häuser gut geeignet, evtl. sogar mit Inneneinrichtung und Zimmeraufteilung. Dann kann man der Gruppe einen gemeinsamen Auftrag geben, zum Beispiel einen Bau zum Thema Piraten. Dabei können sich die Kinder aussuchen, ob sie zu diesem Thema lieber alleine, zu zweit oder mit mehreren zusammenarbeiten möchten.

Je nach Gruppengröße kann man auch der ganzen Gruppe einen gemeinsamen Auftrag geben. Die Gruppe muss dann gemeinsam die Planung und Arbeitsaufteilung durchführen. Das Thema sollte aber so gewählt werden, dass die Möglichkeit besteht, dass alle eine Aufgabe übernehmen können. Interessant ist es auch, wenn ein oder zwei Kinder die **Bauleitung** übernehmen, alles planen und die Arbeit aufteilen müssen. Die anderen Kinder dürfen dann auch nur das tun, was ihnen gesagt wird. Die Architekten sollten immer wechseln. Damit die Gruppe von Architekten angeführt werden kann, sollten alle über ausreichende Bauerfahrung verfügen, damit keiner mit der Funktion des Architekten überfordert ist.

Als Steigerung können die Kinder ihr Bauwerk zunächst auf dem Papier planen, genau aufzeichnen und dann anhand ihrer **Zeichnung** bauen. Dabei werden die Kinder am Anfang feststellen, dass es gar nicht so einfach ist auf dem Papier zu planen und werden ihr geplantes Bauwerk während des Bauens verändern. Im Laufe der Zeit werden die Kinder sicherer und können ihr Bauwerk in allen Einzelheiten planen.

Die großen Bauwerke dienen nicht nur zum Aufbau von Bewegungslandschaften. Aus manchen Themen ergeben sich Rollenspiele, die mit und ohne Bewegung durchgeführt werden können. Eines der dargestellten Bauten (ein Auto) kann zum Beispiel nicht bewegt werden, so haben die Kinder damit eine Urlaubsfahrt im Stau gespielt. Aus dem Thema Seefahrt ist eine ausgiebige Piratenschlacht mit Verkleiden und Schatzeroberung geworden. Die Kinder haben sich ausgiebig bewegt, jedoch weniger die verschiedenen Bauwerke ausprobiert. Vielmehr haben sie den Schatz gegenseitig erobert und verteidigt. Trotz ausgiebiger Schlacht hat sich niemand verletzt.

Es ist vollkommen in Ordnung, wenn sich aus einem Bauwerk ein **Rollenspiel** entwikkelt. Denn dann ist das Rollenspiel das Thema für die Kinder und es ist ihnen heute wichtiger als die Bewegung. Die Kinder können durch das Rollenspiel viele Probleme des Alltags aufarbeiten, indem sie es nachspielen und verschiedene Lösungsmöglichkeiten ausprobieren können ohne auf gravierende Konsequenzen zu stoßen. Manchmal teilt sich eine Gruppe, so dass ein Teil der Gruppe in ein Rollenspiel vertieft ist, während die anderen bauen und ausprobieren. Auch dies ist vollkommen in Ordnung und sollte von uns Erwachsenen akzeptiert werden.

Die Bauwerke auf den nachfolgenden Bildern wurden alle selbständig von Kindern gebaut. Die verschiedenen Gruppen bekamen jeweils den Auftrag zu den bestimmten Themen zu bauen. Es sind zu gleichen Themen ganz unterschiedliche Bauwerke entstanden. Diese Bauwerke dienen nur als Anregung für die Erwachsenen, wie so etwas aussehen könnte. **Bitte geben sie Ihren Kindern die Chance eigene Bauwerke zu erstellen. Die hier gezeigten sind keine Vorgaben!**

Verschiedene Häuser:

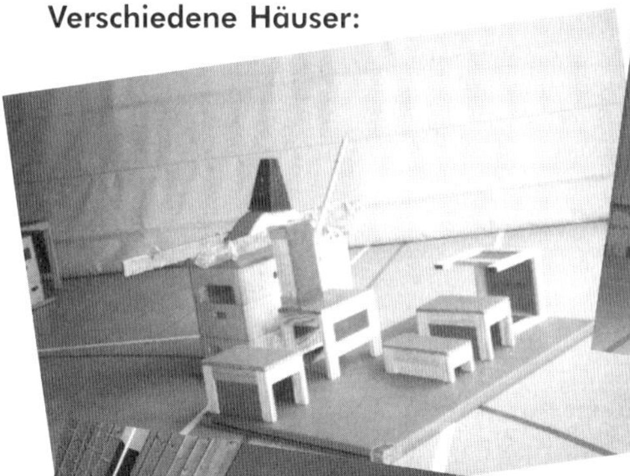

Ein Haus mit Terassendach und zwei Aussichtstürmen

Eine Wohnung mit Badewanne und Küche (Herd und Tisch)

Verschiedene Tunnel:

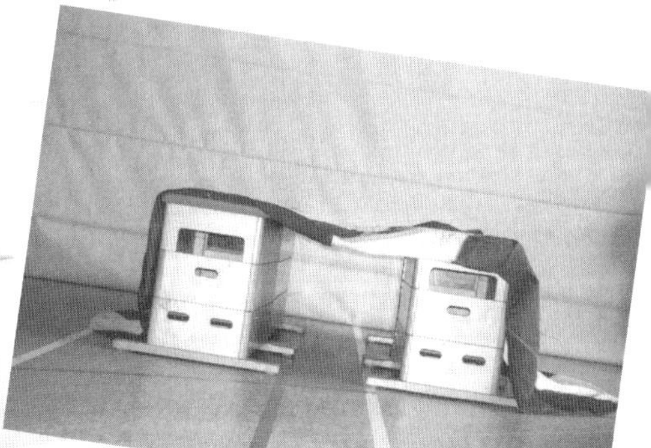

Verschiedene Brücken:

Bei dieser Brücke durften die Kinder jedes Material nur einmal verwenden und mußten die Brücke von einer Hallenseite zur anderen bauen. Die Schwierigkeit bestand darin, daß der Hallenboden nicht mehr betreten werden durfte und die einzelnen Brückenteile über die schon bestehenden Teile transportiert werden mußten. Eine Aufgabe die nur gemeinsam ausgeführt werden konnte.

Verschiedene Autos:

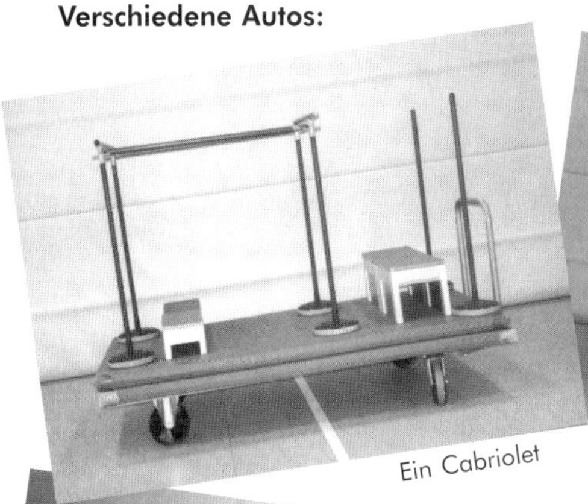

Ein Cabriolet

Das gleiche Auto mit Verdeck

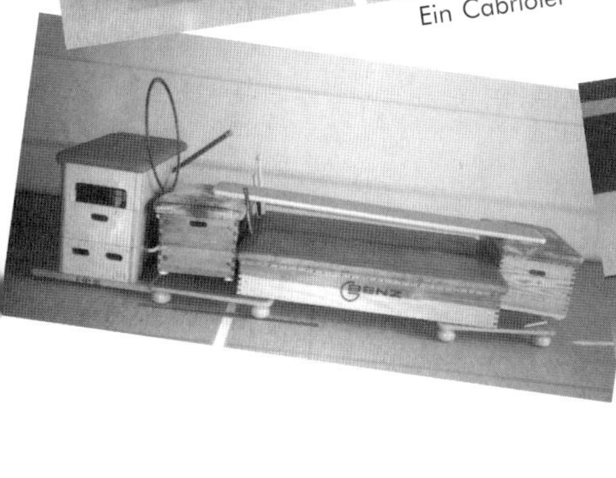

Verschiedene Flugzeuge:

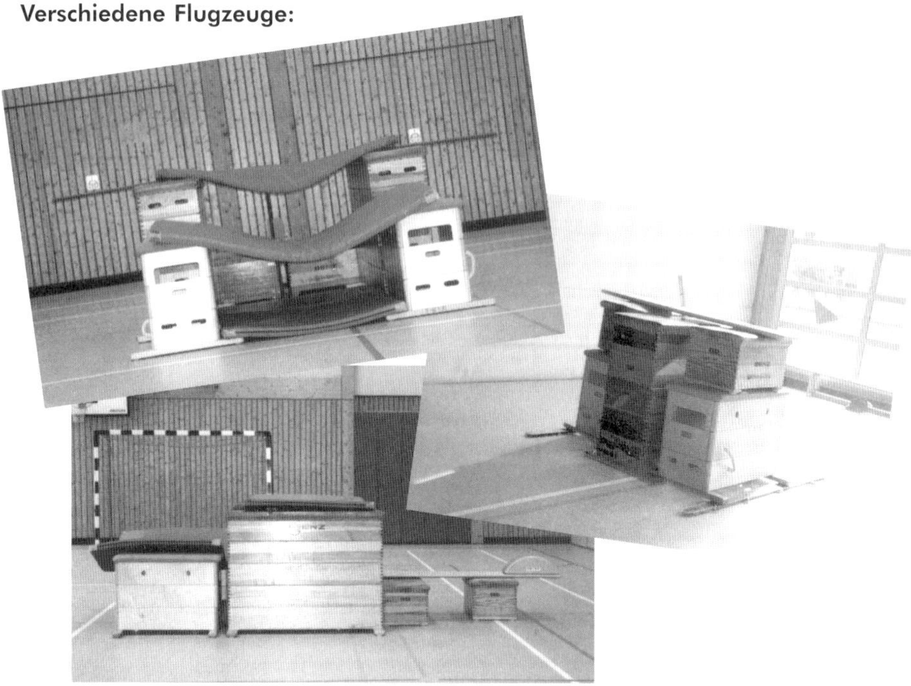

Verschiedene Schiffe:

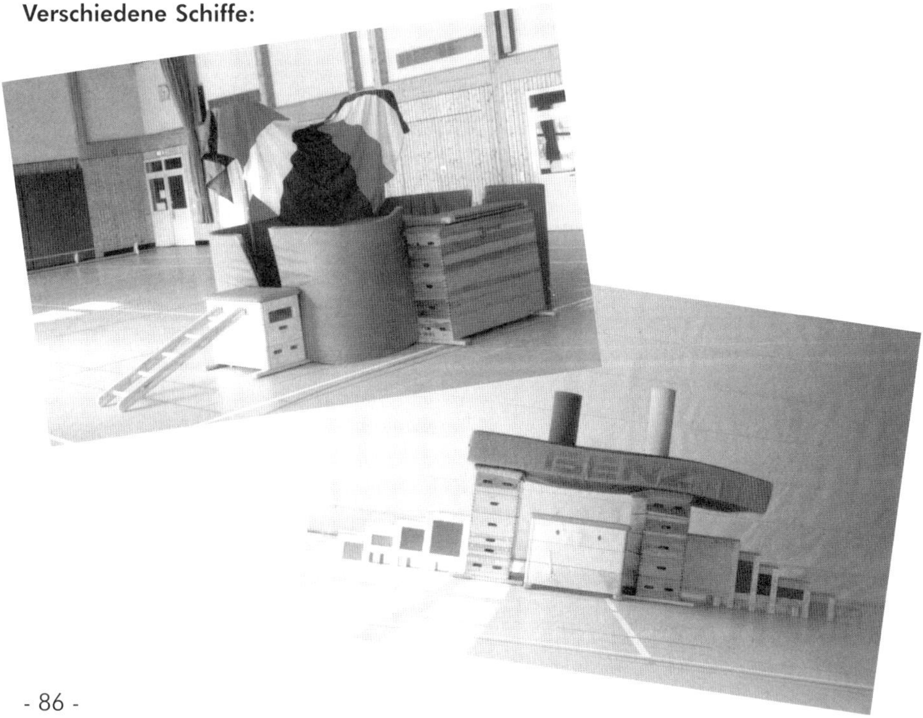

Verschiedene Berge:

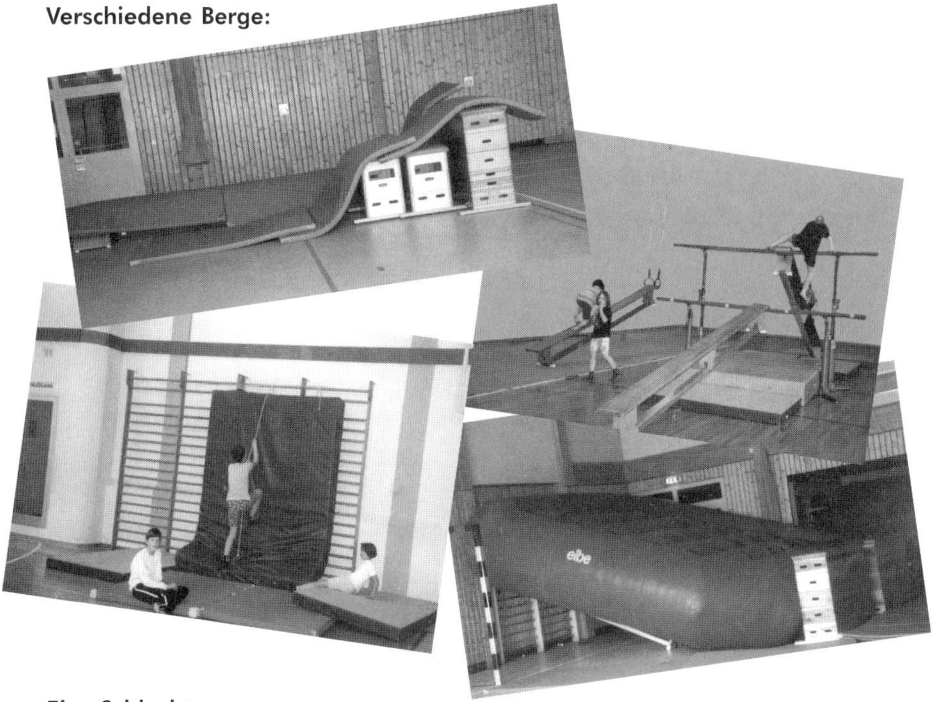

Eine Schlucht:

Eine Bergwanderung:

Eine Piratenschlacht:

Säckchen und Bierdeckel werden zu Munition, um den Schatz zu verteidigen

Der Schatz (ein Fallschirm) wird erobert

9. Rollbrettführerschein

Das Rollbrett bietet den Kindern die Möglichkeit vielfältige Erfahrungen zu sammeln. **Mit dem Rollbrett können die Kinder ihrem Körper die Reize der Geschwindigkeit, schneller Drehungen um die eigene Achse und aktives Beeinflussen der Bewegung bieten.** Die Kinder haben die Chance, die Geschwindigkeit und die Bewegungen selbst zu regulieren und bekommen dadurch einen Motivationsschub. Häufig sieht man gerade ängstliche Kinder wild mit dem Rollbrett durch die Halle fahren. Sie lassen sich schnell ziehen oder drehen sich rasend schnell um die eigene Achse. Die Lustbefriedigung beim Rollbrett ist enorm, ähnlich wie beim Karussellfahren, von dem man die meisten Kinder gar nicht wegbekommt. Hier kann sich das Kind mit Reizen selbst versorgen, ohne dass es an seine Leistungsgrenzen stößt. Gerade der Gleichgewichtssinn wird in hohem Maße gereizt, was eine große Befriedigung für die Kinder darstellt, müssen sie doch die meiste Zeit des Tages ruhig sitzen. Sollten einige Kinder nur langsam und vorsichtig durch die Halle fahren, so lassen Sie die Kinder dies tun ohne es zu verbalisieren, selbst wenn Sie ganz erstaunt sind, dass das wildeste Kind plötzlich so kleinlaut wird. Vielleicht ist das Kind sonst nur so wild, um von seiner Angst und Unsicherheit abzulenken. **Bei dem Spiel mit dem Rollbrett hat es die Chance, seinem Körper fehlende Reize langsam und dosiert zuzuführen, gerade so viel, wie es verkraften kann.** Nach einer Weile wird das Kind die Reizzufuhr steigern, was bedeutet, dass es wieder einen Schritt näher zur Umweltanpassung getan hat.

Bei der Arbeit mit dem Rollbrett sollten aber ein paar wichtige Regeln mit den Kindern erarbeitet werden:

- **Niemals auf dem Rollbrett stehen.**
- **Keinen Zusammenstoß veranstalten.**
- **Lange Haare hochbinden, damit sie sich nicht in den Rollen verfangen.**
- **Rollbretter an der Wand parken, nicht mitten im Raum stehen lassen.**
- **Die Finger nicht unter das Rollbrett halten.**

Ziel muss nicht unbedingt ein Rollbrettführerschein sein. Auch freies Experimentieren und Erfahrungen in den einzelnen Bewegungsmöglichkeiten sammeln ist sinnvoll. Sollten Sie sich jedoch für den Führerschein entscheiden, sollte er in aufeinanderfolgenden Stunden langsam erlernt und geschult werden.

Bevor Sie mit dem Rollbrettführerschein beginnen, sollten Sie den Kindern ausreichend Gelegenheit geben mit dem Rollbrett zu experimentieren, was mehrere Stunden dauern kann. Danach sollten Sie mit den Kindern langsam die unterschiedlichen Möglichkeiten erarbeiten. Nachdem alle Kinder dies beherrschen, kann der Führerschein gemacht werden. Er sollte in einer separaten Stunde abgehalten werden, in der alle Kinder nochmals alle Prüfungspunkte zeigen müssen. Nach der Prüfung, die natürlich jeder besteht, bekommt jedes Kind einen Führerschein ausgehändigt.

Prüfungspunkte:

- Fahren in **unterschiedlichen Positionen:** sitzen, knien, liegen
- **Slalom** fahren (um Hütchen herum fahren)
- Schnelles Fahren und **abbremsen**
- **Tunnelfahrt** (2 Kästen mit einer Matte darüber)
- **Rückwärts** fahren

- Zwischen einer **Straßenbegrenzung** fahren (mit Seilen oder Stäben markieren)
- Andere Kinder auf dem Rollbrett **schieben und ziehen** (mit den Händen, Seil, Gymnastikstab)
- Gegenstände **transportieren** (Säckchen auf dem Kopf balancieren, Bälle auf dem Rollbrett)
- **Airbagtest:** mit Schwung gegen eine dicke Matte fahren
- Einen **Berg** hinauf und wieder hinunter fahren. (Eine schiefe Ebene bauen, wobei Bänke in die Sprossenwand gehangen werden. **Achtung:** Die Ebene nicht zu steil aufbauen, mit Matten sichern und ggf. als Hilfestellung daneben stehen.)
- **Schienenfahrt** (ein langes Seil als Schiene legen, mit dem Rollbrett darüber fahren, das Seil bleibt immer zwischen den Rollen)

mit Seil

Slalom

mit Gymnastikstäben

Straßenbegrenzung

Airbagtest

Berg

Man kann diese Fahrmöglichkeiten auch in einer Geschichte verpacken:

Expedition in den Urwald

Wir planen eine Expedition durch den Urwald. Dazu benötigen wir ein Floß (Rollbrett) und ein Packfloß (Rollbrett mit Verbindungsseil). Darauf legen wir unseren Sonnenhut (Säckchen) und die Trinkflasche (Ball). Nun kann es losgehen. Wir fahren (sitzend mit den Händen schieben) den Fluss entlang (etwas mehr als Rollbrettbreite mit Seilen markieren). Plötzlich kommen gefährliche Stromschnellen (Hütchen oder Medizinbälle) in den Fluss. Viele Steine und Felsen schauen aus dem Wasser heraus. Wir müssen uns sehr in Acht nehmen und sehr vorsichtig fahren. Die Strömung wird immer stärker, wir fahren immer schneller und können uns kaum noch auf dem Floß halten.

O je, wir verlieren unser Packfloß und müssen den Sonnenhut und die Trinkflasche zu uns nehmen. Wir setzen den Hut auf (Säckchen auf den Kopf legen) und die Trinkflasche halten wir fest (sitzend, mit den Füßen vorwärts weiterschieben). Zum Glück wird der Fluss jetzt ganz breit (breite Seilmarkierung) und ruhig, so dass wir Zeit haben uns etwas auszuruhen. Wir sind an einem Flussufer angelangt (Seilmarkierung beenden). Hier können wir den Fluss verlassen und an Land weiterfahren.

Unser Floß wird zu einem Auto, mit dem wir in den Urwald hineinfahren. Wir lassen die Trinkflasche und den Sonnenhut zurück (Säckchen und Ball legen wir hin). Wir fahren im Knien weiter. Die Straße durch den Urwald ist sehr schmal, eigentlich nur ein Trampelpfad (nur ein Seil zum Darüberfahren legen).

Die Äste werden immer niedriger, wir müssen uns flach auf den Bauch legen um darunter durchzukommen (2 kleine Kästen mit einer Matte darüber). Endlich werden die Bäume wieder größer, doch nun stehen sie mitten im Weg. Wir müssen im Slalom darum herum fahren (Hütchen aufstellen) ohne anzustoßen. Der Weg wird immer steiler (schiefe Ebene mit zwei Bänken in der Sprossenwand), wir müssen uns sehr anstrengen um dort hinaufzukommen. Uff, endlich geschafft. Nun müssen wir wieder hinunter, aber vorsichtig abbremsen, sonst fallen wir in die Schlucht.

Endlich haben wir auch das geschafft, doch oje, das Auto meines Nachbarn ist defekt. Jetzt müssen wir uns gegenseitig ziehen. Zum Glück ist hier die Straße ganz breit und wir können ganz bequem knien. Nur leider haben wir nichts zum Festhalten und können uns nur an den Händen haltend ziehen. Da ist ja ein Stock (Stab), mit dem geht es leichter. Da können wir auch gut um die Bäume herumfahren (Hütchen als Slalomparcours aufbauen). Oh nein, der Stock ist gebrochen, was machen wir nun? Zum Glück hängen dort Lianen (Seile), mit denen kann es weitergehen.

Das wird ziemlich schwierig, denn die Bäume sind wieder sehr tief (zwei kleine Kästen mit Matte darüber). Wir müssen uns beide hinlegen um darunter durchzukommen.

Schau mal, dort stehen Autos zum Ausleihen. Hol dir eines, dann können wir beide wieder fahren. Weiter geht es sitzend mit den Füßen anschiebend in einen Tunnel (zwei große Kästen mit Matte darüber, eine Öffnung an der Wand stehend) hinein, doch dieser Weg ist eine Sackgasse. Wir kommen nicht weiter vorwärts und können nicht drehen. Wir müssen rückwärts wieder hinausfahren. Jetzt aber schnell, es wird schon dunkel und ich habe großen Hunger. So schnell wie möglich lassen wir uns rückwärts gegen den Wasserfall (dicke Matte) schieben und parken dann unser Auto, damit wir etwas essen gehen können.

Rollbrett Führerschein

KOPIERVORLAGE

Inhalt der Prüfung:

- Tunnelfahrt
- Slalom
- Schienenfahrt
- Transport
- Abstoppen
- Airbagtest
- Bergfahrt
- Talfahrt
- Verkehrsregeln

____

hat am ________________

mit Erfolg den

Rollbrettführerschein

bestanden.

________________ ,den ____________

____

Prüfer

10. Trampolin

Achtung:

Das Trampolingroßgerät darf nur von qualifiziertem, speziell ausgebildetem Fachpersonal mit einem Trampolinschein aufgebaut und benutzt werden!

Wichtig ist der richtige Aufbau des Trampolins und die korrekte Absicherung durch Matten. Kinder dürfen niemals vom Trampolin auf die Erde springen, wegen der großen Verletzungsgefahr. Keiner darf unter das Trampolin gehen! Die Kinder, die gerade nicht auf dem Trampolin springen, sollten von dem Gerät heruntergehen und unten warten. Sollte den Kindern das Warten zu lange dauern, kann der Erwachsene einen Wahrnehmungsparcours aufbauen. Aber bitte nur solche Stationen, die die Kinder alleine und ohne Gefahr ausführen können. Der Erwachsene muss am Gerät bleiben.

Für Erwachsene, die solch einen Trampolinschein nicht besitzen, besteht die Möglichkeit, die folgenden Übungen auf einem Luftkissen, einem Fun-Hop oder einer dicken Matte durchzuführen.

Ich werde hier nicht die einzelnen Sprünge auf dem Trampolin erklären, dafür gibt es genügend Material. Vielmehr möchte ich eine Einführung in das Trampolinspringen unter Berücksichtigung der Reizverarbeitung und Bewegungsschulung im Hinblick auf die Körperkoordination erläutern.

Das Trampolin bietet die Möglichkeit den Gleichgewichtssinn zu reizen, zu schulen und zu verbessern. Spielerisch werden die Kinder an das Bewegen auf dem wackelnden Untergrund herangeführt. Das Kind lernt seinen Körper an den ungewohnten Untergrund anzupassen, was ein wichtiger Schritt zur allgemeinen Umweltanpassung bedeutet. Kinder springen und hüpfen den ganzen Tag durch die Gegend, wenn man sie lässt. Leider müssen die Kinder ständig still sitzen und können ihre Lust der vestibulären Stimulation nicht befriedigen.

Die folgende Liste zeigt Übungen zur Gleichgewichtsschulung in chronologischer Reihenfolge. Die Punkte 2-5 sollten zunächst auf dem Boden durchgeführt werden, um den Unterschied kennenzulernen.

1. **Rückenlage,** einer geht langsam drum herum
2. Im **Vierfüßlerstand** das Gerät durch leichtes Wippen und Krabbeln erkunden
3. Im **Sitzen** wippen
4. Langsames **Gehen** über das Tuch
5. Leichtes **Wippen** und niedriges Springen in der Mitte
6. Über die Linien **balancieren**
7. Über ein Seil **balancieren**
8. Fest ins Tuch treten, ohne dass sich die Hüfte bewegt **(Rodeoreiten)**
9. Als steifer Mann über das Tuch gehen (wie **Charlie Chaplin**)
10. **Um** Hindernisse (**Schaumstoffklötze**) **herumgehen** ohne sie zu berühren und ohne dass sie umfallen
11. Über eine **Mauer** aus Schaumstoffteilen steigen ohne dass sie umfällt
12. Von **einem auf das andere Bein** wippen, niedriges Hüpfen

13. Tennisbälle durch Gleichgewichtsverlagerungen **um die Füße kreisen** lassen.
14. Tennisbälle **hinter sich her rollen** lassen
15. **Tennisbälle hüpfen** lassen
16. In einem **Gummireifen** sitzend sich von einem anderen wippen lassen, der Reifen darf vom Tuch abheben, ein Erwachsener kann den Reifen auch festhalten und das Kind damit hochspringen lassen.
17. Sich im Sitzen oder Liegen von einem anderen Kind **wippen lassen**, wenn möglich auch vom Tuch abheben
18. **Seilspringen,** zwei andere Kinder drehen das Seil (nur wenn die Kinder es am Boden können)
19. **Seilspringen,** selbst schlagen (nur wenn die Kinder es am Boden können)
20. Stehend die Augen schließen, ein anderer geht langsam um den **„Blinden"** herum
21. **Positionswechsel** versuchen (z.B. aus dem Sitzen aufstehen), während ein anderes Kind versucht es daran zu hindern
22. Zwei Kinder **asynchron** wippen lassen, später niedriges Springen
23. Einem springenden Kind einen **Ball zuwerfen**
24. Alle (einige) Kinder sitzen in der Grätsche hintereinander, der Erwachsene erzählt eine **Geschichte,** in der viele Rechts- und Linkskurven sowie häufiges Vor- und Zurückbeugen vorkommen. Es könnte zum Beispiel das Pferderennen (siehe Fingerspiele) oder eine Busfahrt sein.
    Bei einer Busfahrt übernimmt ein Kind die Rolle des Busfahrers, während die anderen Kinder die Fahrgäste spielen und an den verschiedenen Haltestellen ein- und aussteigen. Es ist möglich, die nachfolgenden Namen den örtlichen Gegebenheiten anzupassen. Während der Geschichte wippt der Erwachsene das Trampolin der erzählten Bewegungen entsprechend:
    Der Busfahrer steigt vorne in den Bus und beginnt seine Fahrt. Er fährt durch die Schulstraße und biegt nach rechts in die Hauptstraße ein. An der Bushaltestelle „Kirche" hält er an und die ersten Fahrgäste steigen ein. Der Bus fährt weiter durch die Hauptstraße und biegt links in den Blumenweg ein. Diese Straße ist nicht geteert, sondern mit Kopfsteinpflaster ausgelegt, deshalb ruckelt und wackelt der Bus sehr stark. Der Bus hält an der Haltestelle „Siedlung" und weitere Fahrgäste steigen ein. Er fährt wackelnd weiter und fährt nach rechts in die Landstraße. Auf dieser Straße kann der Bus seine Fahrt beschleunigen, der Busfahrer gibt Gas und braust los. Plötzlich läuft eine Katze auf die Straße und der Busfahrer muss scharf bremsen. (Der Erwachsene wippt einmal fest und hört dann auf.) Die Katze ist weitergelaufen und der Bus kann seine Fahrt fortsetzen. An der Haltestelle „Friedhof" hält der Bus wieder an und einige Fahrgäste steigen aus. Schnell geht die Fahrt weiter, nach links in die Bahnhofsstraße. Der Bus hält an der Endstation und alle Fahrgäste und der Busfahrer steigen aus.

Wichtig: Die Kinder immer nur das tun lassen, was sie von sich aus wollen und so weit sie dazu fähig sind. Durch die große Verletzungsgefahr beim Trampolin sollte der Erwachsene genau darauf achten, was ein Kind tut. Der Erwachsene sollte zwar nicht überängstlich sein, doch muss er bei diesem Gerät die Kinder vor Übermut und Überschätzung schützen. Auch wenn sich die Kinder darüber beschweren: Auf dem Trampolin ist ein wildes Austoben zu gefährlich. Die Verletzungsgefahr sollte den Kinder vorher erklärt werden.

Charly Chaplin

Rodeoreiten

Mauer

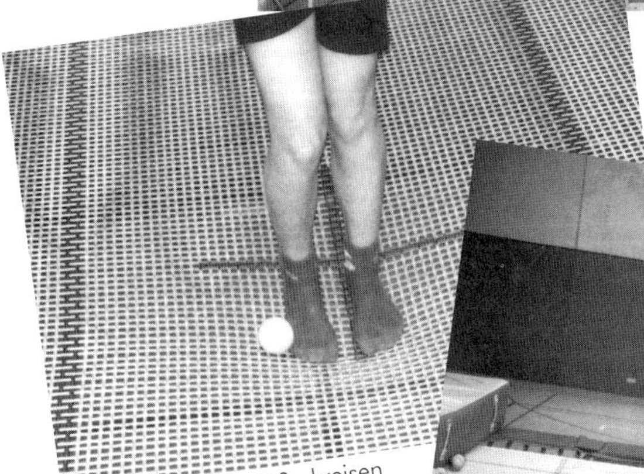

Tennisball um die Füße kreisen

Tennisbälle hinter her rollen

im Gummireifen hochspringen

Tennisbälle hüpfen

Seilspringen

Geschichte: Busfahrt

alleine Seilspringen

11. Stundenbeispiele

Die Verbindung zwischen einer rhythmischen und psychomotorischen Phase ist eine günstige Möglichkeit angeleitetes und freies Spiel miteinander zu vereinen. In der Rhythmik lernen die Kinder, Vorgaben und Aufträge genau zu erledigen, während sie in der Psychomotorik hauptsächlich frei experimentieren und spielen dürfen. Durch den Wechsel der beiden Komponenten haben die Kinder beides in einer Stunde vereint, wodurch sie sich frei entfalten können, aber auch gesteckte Ziele erreichen.

Die Zeitangaben sind keine festen Vorgaben. Sie müssen sich an der Gruppensituation orientieren und können natürlich ohne weiteres die Stundenbeispiele ausweiten oder verkürzen. Manchmal ist es sinnvoll noch ein weiteres Spiel an das Ende zu setzen, doch meistens wird die Stunde gefüllt sein.

Ich habe bewußt auf die Angabe der Gruppengröße verzichtet, da sie sich an den örtlichen Gegebenheiten, dem Alter und der Aktivität der Kinder orientiert. Prinzipiell sind alle Stundenbeispiele mit Schulklassen durchführbar und besonders auch für den Sportförderunterricht geeignet.

11.1 Stunde ohne Geräte

Förderung: der Körperkoordination und der Bewegungsentwicklung
Material: 2 Federn, evtl. eine Bodenturnmatte
Zeit: 15 Minuten Einkaufen, 20 Minuten Bewegungsbahn, 20 Minuten Spiel, 5 Minuten Kitzeln

Die Stunde beginnt mit einer Bewegungsgeschichte. Der Erwachsene erzählt eine Geschichte, während die Kinder die Bewegungen ausführen. Zu Beginn treffen sich alle in einer Ecke und die Geschichte beginnt:

Es ist kurz vor sechs und wir müssen noch für das Abendessen einkaufen gehen. Wir brauchen Brot, Wurst, Butter, Käse und Milch. Alle gehen zum Bäcker. (Der Erwachsene wechselt langsam den Standort, die Kinder versammeln sich bei ihm.) Das Brot liegt ganz oben im Regal, ihr müsst ganz hoch springen, um das Brot herunterzuholen. Das war noch nicht hoch genug, ihr müsst es noch einmal probieren. Und noch einmal, ganz hoch springen. Super, jetzt habt ihr das Brot erreicht. Nun müsst ihr es noch bezahlen (jedes Kind gibt dem Erwachsenen das „Geld" in die Hand). Weiter geht es zum Metzger. Oh nein, jetzt beginnt es auch noch zu regnen. Öffnet euren Regenschirm und haltet ihn über euren Kopf, vergesst aber nicht euer Brot festzuhalten. Der Regen wird stärker, ihr müsst schneller gehen (der Erwachsene wechselt den Standort). Ihr seid beim Metzger angekommen und bekommt nun eure Wurst. Als ihr sie gerade bezahlen wollt, fällt das Geld auf den Boden. Sucht das Geld auf dem ganzen Boden. Hebt es auf, schaut, dort hinten liegt noch etwas, und dort liegt auch noch Geld. Hebt es auf und bezahlt dann eure Wurst. Schnell geht es weiter. Beeilt euch, gleich schließen die Geschäfte und wir brauchen doch noch Butter, Käse und Milch. Lauft schnell zum Lebensmittelgeschäft. Passt aber auf, auf dem Bürgersteig sind große Pfützen. Um die müsst ihr herumlaufen, damit ihr keine nassen Füße bekommt. Achtung, ihr habt den Regenschirm nicht aufgespannt, ihr werdet ja ganz nass. Spannt ihn schnell auf und lauft schnell um die Pfützen herum zum Lebensmittelgeschäft (der Erwachsene wechselt den Standort). Die Butter liegt ganz unten im Regal, ihr müsst euch bücken um sie herausnehmen zu können. Der Käse liegt rechts an der Theke und die Milch steht ganz oben im Regal. Passt gut auf, dass sie euch beim Herunterholen nicht aus der Hand fällt. So, nun bezahlt an der Kasse und dann schnell nach Hause, eure Familie wartet schon. Es regnet immer noch, aber nun habt ihr keine Hand mehr frei, weil ihr so viele Dinge zu tragen habt. Deshalb müsst ihr schnell laufen, damit ihr nicht vollkommen nass werdet. Der Regen wird immer heftiger, deshalb müsst ihr noch schneller laufen. Vorsicht, viele Pfützen haben sich schon gebildet und ihr müsst darüber hinwegspringen (der Erwachsene setzt sich in die Mitte der Halle). Legt nun alle das Brot, die Wurst, die Butter, den Käse und die Milch auf den Boden. Was haben wir nun noch vergessen ? So können wir doch nicht essen, oder? Was fehlt? (Die Kinder antworten lassen und die Dinge holen lassen, z.B. Teller, Besteck, Tassen, Tischtuch). Der Tisch ist gedeckt und wir können in Ruhe essen und uns ausruhen.

Alle treffen sich an einem Ende der Halle (Falls eine Bodenmatte vorhanden ist, ist der Treffpunkt vor der Matte). Der Erwachsene gibt nun Bewegungen vor oder lässt sie von den Kindern vorschlagen.

- Baumstamm (liegend, mit gestreckte und geschlossenen Armen und Beine um die Längsachse drehen, rechts und links herum, die Hüfte initiiert, der Kopf bleibt zwischen den Armen)
- Salamander (Vorwärtsbewegung in der Bauchlage, durch Beugen und Strecken der Arme und Beine, kreuzkoordiniert)
- Krabbeln (rhythmisch, kreuzkoordiniert)
- Bär (Bärengang: auf den Händen und Füßen gehen, mit gestreckten Knien)
- Skorpion (auf beiden Händen und einem Fuß vorwärts bewegen, das andere Bein wird nach oben gestreckt)
- Krebs (auf den Händen und Füßen gehen, der Bauch zeigt nach oben und die Hüfte ist gestreckt, rückwärts)
- Spinne (wie Krebs, allerdings vorwärtsgehen)
- Riese (auf Zehenspitzen mit gestreckten Beinen gehen, die Arme werden nach oben gestreckt)
- Zwerg (sich so klein wie möglich machen und vorwärts gehen, die Hände werden nicht auf den Boden gesetzt, tiefe Hocke – Füße heben und nicht über außen drehen. Verletzungsgefahr für die Knie)
- Versteinert (Gehen mit gestreckten Armen und Beinen, alle Muskeln anspannen)
- Gänsefüßchen (bei jedem Schritt berührt die Ferse des vorderen Fußes die Zehen des hinteren Fußes)
- Storch (bei jedem Schritt den Fuß bis ans Knie ziehen, das Bein nach vorne strecken und dann aufsetzen, evtl. auch auf Zehenspitzen)
- Hase (in der Hocke die Hände weit nach vorne setzen, sich darauf abstützen und mit den Beinen abspringen um sie zwischen die Hände zu setzen)
- Frosch (aus der Hocke in den Strecksprung)
- Flamingo (auf einem Bein stehen, rechts und links)
- Hüpfender Flammingo (auf einem Bein hüpfen, rechts und links)

Zum Abschluss könnten z.B. die Spiele Feuer, Wasser, Blitz (vgl. 7.2.1.25), Knotenmutter (vgl. 7.1.2.6), Waschstraße (vgl. 7.1.2.3), Magnetspiel (vgl. 7.1.1.1) zum Einsatz kommen.

Am Ende bekommen zwei Kinder eine Feder. Alle anderen verteilen sich in der Halle und legen sich dort auf den Bauch. Die zwei Kinder mit der Feder gehen nun von einem zum anderen Kind und kitzeln es mit der Feder. Sobald ein Kind gekitzelt wurde, steht es auf und geht sich anziehen.

11.2 Stunde mit dem Reifen

Förderung: der Begriffsbildung, der Raumorientierung, der Einordnung in Raum und Zeit, der Grob- und Feinmotorik, der Phantasie und der Kreativität.

Material: für jedes Kind einen Reifen und Baumaterial: z.B. verschiedene Tücher, verschiedene Seile und Bänder, verschiedene Bälle, Kissen, Stofftiere.

Zeit: 10 Minuten mit dem Reifen und etwa 15 Minuten für die Bauphase, 5-10 Minuten zur Besprechung und 5 Minuten zum Aufräumen

Jedes Kind nimmt sich einen Reifen, legt ihn in die Halle auf den Boden und stellt sich hinein. Nun gibt der Erwachsene Anweisungen, die die Kinder ausführen:

- Jeder läuft um seinen Reifen.
- Jeder läuft in seinen Reifen hinein.
- Jeder geht in einen blauen Reifen.
- Alle springen mit beiden Beinen in ihren Reifen hinein.
- Jeder stellt sich vor seinen Reifen.
- Jeder hüpft auf dem rechten Bein und dann auf dem linken Bein um seinen Reifen.
- Alle laufen zur Tür.
- Alle gehen rückwärts zu ihrem Reifen.
- Jeder stellt den rechten Fuß in seinen Reifen.
- Jeder legt seine linke Hand in einen gelben Reifen.
- Jeder setzt sich in seinen Reifen.
- Jeder stellt den linken Fuß und die rechte Hand in einen Reifen seiner Wahl.
- Jeder legt sich so in seinen Reifen, dass nichts herausschaut.
- Alle krabbeln zum Fenster.
- Alle legen den rechten Ellenbogen und das rechte Knie in einen Reifen.
- Alle hüpfen wie ein Hase zum grünen Reifen.
- Jeder legt sein Kinn in einen Reifen.

Þ Alle Körperteile können einzeln oder in Kombination in den Reifen gehalten werden.

Jedes Kind holt sich ein Materialpaket ab und darf in seinem Reifen bauen, was es möchte. Nach dem Bauen versammeln sich alle Kinder beim Erwachsenen und gemeinsam schauen sie sich die Bauwerke der anderen an. Wer möchte, darf erzählen, was er gebaut hat. Am Ende räumt jedes Kind sein Material weg.

Ein Vulkanausbruch mit Geröll- und Lavamassen

11.3 Stunde mit dem Reifen

Förderung: der Begriffsbildung, der Raumorientierung, der Einordnung in Raum und Zeit, der Grob- und Feinmotorik, der Phantasie und der Kreativität.

Material: für jedes Kind einen Reifen und Baumaterial, das können zum Beispiel Chiffontücher, Rhythmiktücher, Bausteine, Bierdeckel, Wäscheklammern, Ringe, Seile, Kegel, Gymnastikfussstäbe, Dosen, Vierkanthölzer, Teppichfliesen und Schaumstoffklötze sein.

Zeit: 15 Minuten für den Reifen, 20 Minuten für die Bauphase, 5-10 Minuten zum Besprechen und 5 Minuten zum Aufräumen.

Jedes Kind bekommt einen Reifen und darf ihn in der Halle auf den Boden legen. Alle Kinder versammeln sich beim Erwachsenen, dieser gibt nun verschiedene Anweisungen, die die Kinder ausführen:

- Jedes Kind stellt sich in seinen Reifen.
- Alle laufen zur Bank.
- Alle gehen rückwärts zu einem roten Reifen.
- Alle hüpfen zum Fenster.
- Alle Kinder gehen um ihren Reifen.
- Jeder hüpft in seinen Reifen hinein.
- Alle laufen durch den Raum ohne einen Reifen zu berühren.
- Jeder stellt sich wieder in seinen Reifen.
- Jeder balanciert vorwärts über seinen Reifen.
- Alle balancieren rückwärts.
- Alle balancieren seitwärts.
- Jeder stellt sich in einen Reifen.
- Jeder geht aus seinem Reifen:

1.	vorwärts heraus	—	rückwärts hinein
2.	rückwärts hinaus	—	vorwärts hinein
3.	rechts heraus	—	links hinein
4.	links heraus	—	rechts hinein
5.	vorwärts heraus	—	vorwärts hinein
6.	rückwärts heraus	—	rückwärts hinein
7.	rechts heraus	—	rechts hinein
8.	links heraus	—	links hinein
9.	vorwärts heraus	—	rechts hinein

⇒ Die verschiedenen Möglichkeiten des Hinein- und Herausgehens können variiert und mehrmals wiederholt werden. Beim seitlichen gehen sollten die Kinder sich so drehen, daß die entsprechende Schulter zum Reifen hinzeigt.

Nun darf sich jedes Kind ein Materialpaket holen. Mit diesem Material dürfen die Kinder in ihrem Reifen bauen, was sie möchten. Danach treffen sich alle beim Erwachsenen und schauen sich gemeinsam die Bauwerke der anderen an. Wer möchte, darf erzählen, was er gebaut hat. Am Ende räumt jeder sein Material wieder weg.

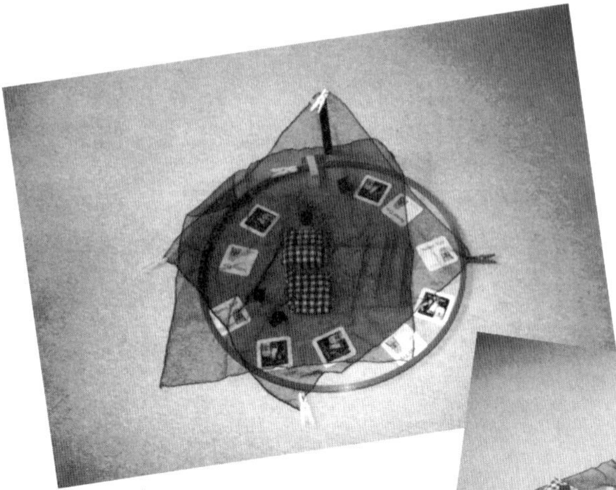

Eine Stadt

Zwei Inseln, eine unbewohnte und eine mit Straßen und Häusern

Formel 1 Rennbahn: mit Rennwagen (Klammern) Start und Ziel (Tor), Boxen (2 Tücher), Rennstrecke und Tribühne (Säckchen und Bierdeckel)

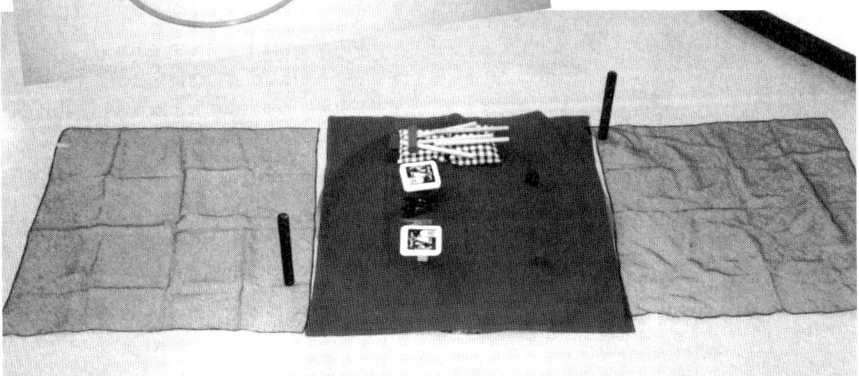

Ein Schwimmbad mit 2 Becken und Sprungtürmen sowie einem Spielplatz

Eine Moschee

Windmühlen

Eine Brücke über einen Fluß

Ein Roboter

Ein Schiff

Ein Himmelbett, der „Himmel" liegt gefaltet dahinter

Ein Gesicht

11.4 Stunde mit dem Reifen

Förderung: der Kreativität, der Grobmotorik und der Materialerfahrung
Material: für jedes Kind einen Reifen
Zeit: 10 – 15 Minuten Experimentierphase, 10 Minuten zur Vorführung und Nachahmung, 5 Minuten für das Kunstwerk, 2 Minuten zum Aufräumen

Jedes Kind bekommt einen Reifen und darf ausprobieren, was man damit alles tun kann. Nach dieser ausgiebigen Experimentierphase darf jedes Kind etwas vorführen, was alle anderen Kinder nachmachen. Nur wenn die Kinder überhaupt keine Ideen haben, sollte der Erwachsene eingreifen und still für sich mit dem Reifen experimentieren. Die Kinder werden es nachmachen und dann selbst ins Experimentieren kommen. Möglichkeiten: rollen, hullahupp, um den Arm oder die Hand kreisen, durch den rollenden Reifen krabbeln, zwirbeln, Reifen auf dem Boden kreisen, hochwerfen und fangen.
Gemeinsames Spiel: Jedes Kind zwirbelt seinen Reifen und läuft durch die Halle. Alle Kinder müssen darauf achten, dass keiner der Reifen umfällt und geben den Reifen immer wieder neuen Schwung. Interessant ist es, wenn wesentlich mehr Reifen als Kinder in der Halle sind, die alle in Bewegung bleiben müssen.
Nun setzen sich alle Kinder in einen Kreis. Der Reihe nach darf jedes Kind in die Mitte gehen und seinen Reifen dort so hinlegen oder hinstellen, wie es das möchte. Es entsteht ein gemeinsames Kunstwerk, durch das jedes Kind hindurchklettern darf.
Am Ende räumt jeder einen Reifen weg.

11.5 Stunde mit dem Ball

Förderung: der Auge - Hand - Koordination, der Kreativität und der Körperkoordination
Material: für jedes Kind einen Ball
Zeit: 15-20 Minuten für die angeleiteten Übungen, 15 Minuten für das freie Spiel, 5 Minuten zum Aufräumen

Jedes Kind nimmt sich einen Ball und sucht sich einen Platz in der Halle. Der Erwachsene macht nun verschiedene Übungen mit dem Ball vor und lässt den Kindern genügend Zeit, diese Übungen zu probieren:

- Den Ball rollen und wieder aufnehmen.
- Den Ball durch die Halle rollen, die Hand bleibt die ganze Zeit am Ball.
- Den Ball mit beiden Händen hochwerfen und wieder auffangen.
- Den Ball mit beiden Händen prellen.
- Den Ball mit einer Hand prellen.
- Den Ball im Sitzen um den Körper rollen, auch in der Grätsche möglich.
- Im Sitzen die Beine über den Ball heben und auf der anderen Seite ablegen, mehrmals wiederholen.
- Im Sitzen den Ball über die gestreckten Beine rollen lassen, von den Füßen zum Bauch und wieder zurück.

Nun haben die Kinder ausgiebig Zeit mit dem Ball zu spielen. Dabei ist es egal, ob sie die Übungen wiederholen oder gemeinsam mit einem Spiel beginnen. Aus dem Experimentieren könnte sich ein Fußballspiel, Rollball (7.2.1.12), Schweinchen treiben (vgl. 7.2.2.3), Zielwurf (vgl. 7.2.2.4) oder Haltet das Feld frei (7.2.2.2) ergeben.

Danach räumt jeder seinen Ball weg.

11.6 Stunde mit dem Ball

Förderung: der Körperkoordination, der Auge - Hand - Koordination und der Kreativität

Material: für jedes Kind einen Ball

Zeit: 10 Minuten freies Experimentieren, 10 Minuten zum Vorführen und 20 Minuten zum Spielen

Jedes Kind bekommt einen Ball und darf damit experimentieren. Nach einer Weile darf jedes Kind eine Sache vorführen und alle anderen Kinder machen es nach.

Die Kinder dürfen sich danach ein kleines Spiel mit Bällen aussuchen. Möglichkeiten: Verliebt, verlobt, verheiratet (vgl. 7.2.1.11), Rollball (vgl. 7.2.1.12), Sitzball (vgl. 7.2.1.13), Balljagd (vgl. 7.2.1.14), Kegeln (vgl. 7.2.1.22), Reihenkegeln (vgl. 7.2.1.21), Haltet das Feld frei (7.2.2.2), Zielwurf (7.2.2.4), Verdrehter Ball (vgl. 7.2.2.10).

Am Ende räumt jeder seinen Ball weg.

11.7 Stunde mit dem Gymnastikstab

Förderung: der Auge - Hand - Koordination, der Kraft und der Koordination

Material: für jedes Kind ein Stab

Zeit: 10 Minuten zum Experimentieren, 25 Minuten angeleitetes Spiel, 5 Minuten für das Kunstwerk, 5 Minuten zum Aufräumen

Jedes Kind nimmt sich einen Gymnastikstab und darf damit frei experimentieren. Bitte erklären Sie vorher den Kindern, dass nicht damit gekämpft und geschlagen wird. Fällt den Kindern nichts mehr ein, so gibt der Erwachsene Übungen vor.

- Über den liegenden Stab balancieren (Vorsicht, großer Abstand halten).
- Stab auf der Hand balancieren
- Den Stab hinstellen, loslassen und wieder fangen.
- Alle Kinder stehen in einem kleinen Kreis und stellen den Stab vor sich hin. Auf Kommando lassen alle den Stab los und bewegen sich nach rechts oder links, je nach dem was, der Erwachsene ruft. Jeder läuft zum nächsten Stab und fängt ihn auf. Das wird mehrmals wiederholt.
- Zwei Kinder halten einen Stab hüfthoch, ein anderes Kind setzt sich drauf und lässt sich tragen, dann wird gewechselt.
- Zwei Kinder halten den Stab schulterhoch, ein anderes Kind hängt sich im Klimmzug daran und lässt sich tragen (hilft mit, Fußtribbeln), wechseln.
- Staffelspiel: Ein Stab liegt auf dem Boden und wird mit zwei anderen Stäben geführt, quer durch die Halle, durch einen Slalom und wieder zurück (Hindernisse möglich).

Nach der Staffel setzen sich alle Kinder in einen Kreis. Nacheinander darf nun jedes Kind seinen Stab in die Mitte zu einem gemeinsamen Kunstwerk legen. Am Ende räumt jeder seinen Stab weg.

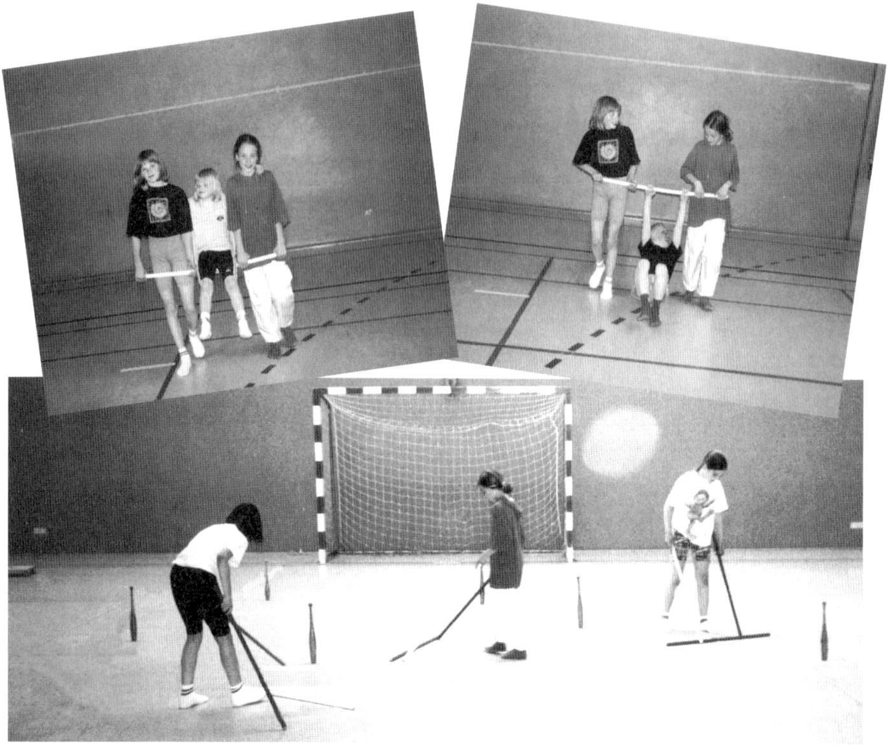

11.8 Stunde mit Sandsäckchen

Förderung: des Gleichgewichts, der Körperkoordination, der Kreativität und der Geschicklichkeit

Material: ein Sandsäckchen für jedes Kind und Baumaterial (Bausteine, Tücher, Klammern, Bierdeckel, kleine Holzstäbe)

Zeit: 10 Minuten zum Experimentieren, 10 Minuten zum Vorführen, 10 Minuten für die Staffel, 10 Minuten für das Kunstwerk, 5 Minuten zum Anschauen und 5 Minuten zum Aufräumen

Jedes Kind nimmt sich ein Säckchen und beginnt dies auf seinem Körper zu balancieren und sich dabei fortzubewegen. Jeder probiert verschiedene Platzierungen aus und zeigt sie nach einer ausgiebigen Experimentierphase den anderen und alle probieren es aus.

Möglichkeiten: Schulter, Handrücken, Kopf, Ellenbogen, Knie, Fuß. Danach stellen sich die Kinder zu einem Staffelspiel mit Sandsäckchen auf. Während der Staffel werden die Säckchen auf den verschiedenen Körperteilen balanciert.

Nach der Staffel baut sich jedes Kind ein Kunstwerk. Jedes darf sich Material holen und bauen, was es möchte. Nun schauen sich alle Kinder die Kunstwerke der anderen an. Am Ende räumt jeder sein Material wieder auf.

11.9 Stunde mit dem Rhythmiktuch

Förderung: der Körperkoordination und der Kreativität
Material: ein Rhythmiktuch für jedes Kind
Zeit: 10 Minuten zum Experimentieren, 30 Minuten für die Übungen, 10 Minuten für das Kunstwerk und 5 Minuten zum Aufräumen

Jedes Kind nimmt sich ein Tuch und darf damit experimentieren. Danach gibt der Erwachsene ein paar Übungen vor:

- Hochwerfen und fangen
- Auf verschiedenen Körperteilen balancieren
- Vor den Körper halten und schnell laufen, so dass das Tuch nicht hinunterfällt
- Verschiedene Figuren legen (Haus, Dreieck usw, vgl. 7.1.1.3)
- Verschiedene Körperteile miteinander verbinden und sich fortbewegen (Dreibeinlauf, vgl. 7.2.1.17)
- Wanderbrücke (vgl. 7.1.2.7)

Alle Kinder setzen sich in einen Kreis und jeder darf sein Tuch in die Kreismitte legen um daraus ein gemeinsames Kunstwerk zu errichten.
Am Ende faltet jedes Kind sein Tuch zusammen und räumt es weg.

11.10 Stunde mit dem Chiffontuch

Förderung: der Auge - Hand - Koordination, der Geschicklichkeit und der Feinmotorik
Material: drei Tücher für jedes Kind
Zeit: Je nach Ausdauer der Kinder kann eine ganze Stunde geübt werden, doch sollten die Kinder am Ende noch Zeit zum Austoben haben. 15 Minuten zum Spielen.

Jedes Kind nimmt sich drei Tücher und legt sie vor sich auf die Erde. Mit dem ersten Tuch üben die Kinder nun das Hochwerfen und Fangen, mal mit der einen, mal mit der anderen Hand. Danach nimmt sich jedes Kind ein zweites Tuch und versucht, mit beiden Händen gleichzeitig die Tücher hochzuwerfen und wieder aufzufangen. Schaffen die Kinder das gut, so nimmt sich jedes Kind das dritte Tuch hinzu und beginnt nun, mit den Tüchern zu jonglieren. Dabei sind zwei Tücher in der rechten Hand und eines in der linken Hand. Die Tücher werden diagonal vor dem Körper hochgeworfen und mit der anderen Hand aufgefangen. Mit der rechten Hand wird begonnen.

Die Kinder falten ihre Tücher, räumen sie weg und treffen sich zu einem Spiel, zum Beispiel: Tag und Nacht (vgl. 7.2.2.5), Rübenziehen (vgl. 7.2.1.7), Plumpsack (vgl. 7.2.1.20) oder Feuer - Wasser - Blitz (vgl. 7.2.1.25)

11.11 Stunde mit dem Schwungtuch

Förderung: der Körperkoordination, des Tastgefühls und der Reaktion
Material: ein Schwungtuch und ein Ball
Zeit: Komplette Stunde

Alle Kinder halten mit beiden Händen das Schwungtuch fest. Auf Kommando des Erwachsenen wird das Schwungtuch bewegt.

- Alle Kinder laufen rechts herum und auf ein Zeichen wird die Richtung gewechselt.
- Jeder macht kleine Wellen.
- Alle Kinder machen zusammen große Wellen, langsam auf und nieder.
- Wenn das Tuch am höchsten ist, laufen alle mit roten Hosen (alle 6jährigen, mit blonden Haaren, mit Schläppchen, mit Geschwistern, mit Brillen, mit langen Haaren.....) unter dem Tuch durch und wechseln ihren Platz.
- Das Tuch wird ganz hochgehoben und im höchsten Punkt losgelassen, so dass es langsam herunterschwebt.
- Nachdem das Tuch ganz hochgehoben wurde (Tuch wird weiterhin festgehalten), laufen alle in die Mitte, setzen sich hin und ziehen das Tuch unter sich.
- Auf das Schwungtuch wird ein Ball gelegt. Durch das Absenken und Anheben des Tuches wird der Ball bewegt.
- Der Ball wird durch kleine Wellenbewegungen zum Springen gebracht. Alle Kinder müssen aufpassen, dass der Ball nicht vom Tuch fällt.
- Ein Kind verlässt den Raum, während sich die anderen Kinder unter dem Tuch verstecken. Das Kind kommt wieder herein und muss nun durch Ertasten die verschiedenen Kinder finden und benennen. Der Name des ertasteten Kindes wird laut gesprochen und das entsprechende, richtig ertastete Kind kommt vorsichtig unter dem Tuch heraus. Wurde einem ertasteten Kind ein falscher Name zugeordnet, so bleibt es einfach liegen.

Am Ende legen die Kinder das Schwungtuch zusammen und räumen es weg.

11.12 Stunde mit Japanbällen

Förderung: der Auge - Hand - Koordination und der Körperkoordination
Material: zwei Federn und für jedes Kind einen Japanball
Zeit: 20 Minuten zum Experimentieren und Vorzeigen, 10 Minuten werfen und fangen und 20 Minuten für Pusteball

Jedes Kind nimmt sich einen Japanball, faltet ihn vorsichtig auseinander und bläst ihn auf. Danach probiert jedes Kind vorsichtig, auf welchen Körperteilen man den Ball balancieren kann. Nachdem alle genügend Zeit zum Experimentieren hatten, darf jedes Kind ein erprobtes Körperteil vorführen und alle anderen machen es nach.

Nun versucht jedes Kind seinen Ball hochzuwerfen und ihn vorsichtig wieder aufzufangen, ohne dass die Luft entweicht. Sollte der Ball trotz allem seine Form verlieren, kann er ohne Probleme wieder aufgeblasen werden.

Schlussspiel: Pusteball (vgl. 7.2.1.28)

11.13 Stunde mit Heulrohren

Förderung: der Körperkoordination und des Sozialverhaltens
Material: für jedes Kind ein Heulrohr, zwei Murmeln
Zeit: 15 Minuten zum Experimentieren, 15 Minuten für das Konzert, 15 Minuten für die Kugelbahn, 10 Minuten zum Telefonieren

Jedes Kind nimmt sich ein Heulrohr, sucht sich einen Platz in der Halle und experimentiert mit seinem Heulrohr.

Das Heulrohr wird nun an einem Ende gehalten und schnell gedreht, wodurch ein Ton entsteht. Je schneller man dreht, desto höher wird der Ton. Nachdem jedes Kind die unterschiedlichen Töne ausprobiert hat, kann ein Heulkonzert stattfinden. Dafür stellen sich die Kinder in Gruppen zusammen. Jede Gruppe sucht sich nun einen Ton aus. Ein Dirigent gibt nun den einzelnen Gruppen den Einsatz.

Zum Bau einer Kugelbahn stellen sich alle Kinder in einen Kreis und halten jeweils ein Ende von seinem Rohr und dem des rechten Nachbarn aneinander. Nun gibt der Erwachsene eine Murmel in ein Heulrohr hinein. Durch Heben und Senken der Rohre läuft die Murmel im Kreis. Es können auch mehrere Murmeln in die Heulrohre gegeben werden und die Gruppe muss nun versuchen, sie durch die Bahn laufen zu lassen, ohne dass sich die Kugeln treffen.

Zum Abschluss hält sich jedes Kind seine beiden Enden, die es aus dem vorherigen Spiel in der Hand hält, mit einer kleinen Lücke an sein Ohr. Nacheinander darf nun jedes Kind etwas in die Telefonleitung **hineinflüstern** und alle Kinder können es hören.

Als Letzter spricht der Erwachsene hinein, gibt das Ende der Stunde bekannt und erteilt den Auftrag, dass jeder sein Heulrohr wegräumt.

Flüstern

Kegelbahn

Töne erzeugen durch schnelles Drehen

11.14 Stunde mit Zeitungspapier

Förderung: der Fußkoordination, der Differenzierung und des Gleichgewichts
Material: für jedes Kind einen Bogen Zeitungspapier (Tageszeitung)
Zeit: 45 Minuten angeleitetes Tun und 15 Minuten für das Abschlussspiel

- Zeitung (groß) vor den Bauch halten und durch die Halle laufen
- 1x falten und wieder vor den Bauch halten und laufen
- nochmals falten und wieder laufen
- 2 Kinder laufen hintereinander; das erste hebt die Zeitung über den Kopf und lässt sie los, das zweite fängt sie auf, dann werden die Rollen getauscht
- Die Zeitungen im ganzen Raum verteilen und diese umlaufen und umspringen, zuerst mit beiden Beinen und dann mit einem Bein.
- Zeitungen umlaufen, umspringen, umkrabbeln ... und auf Kommando mit den genannten Körperteilen berühren (z.B. Nase, Hände, Knie, Po, Ellenbogen, Rükken).
- Die Zeitungen mit nackten Füßen falten.

- Die gefaltete Zeitung zwischen die Knie klemmen und zu einem Kreis hüpfen.
- Alle gleichzeitig auf Kommando mit beiden Beinen (Zeitung immer noch zwischen den Knien) springen; vorwärts, rückwärts, seitwärts
- Die Zeitungen im Kreis auf den Boden legen, sich darauf stellen, auf Kommando **gehen** alle nach rechts, links, vor und zurück.
- Alle Kinder setzen sich in den Kreis, Gesicht zur Mitte und reichen ihre Zeitung mit den Füßen weiter.
- Die Zeitung mit den Füßen zu einem Ball formen.
- Den Zeitungsball mit den Füßen weiterreichen.
- Den Zeitungsball mit den Füßen hochwerfen und mit den Händen (Knien) fangen.

Mögliche Abschlussspiele:
- Haltet das Feld frei (vgl. 7.2.2.2), Figuren legen (vgl. 7.1.1.3), Wanderbrücke (vgl. 7.1.2.7), Balljagd (vgl. 7.2.1.14) oder verdrehter Ball (vgl. 7.2.2.10)
- Die Zeitungen auseinander falten und in eine lange Schlange reißen. Wer hat die längste Schlange?

11.15 Stunde mit Bierdeckeln

Förderung: der Feinmotorik, der Körperkoordination und der Geschicklichkeit
Material: 10 Bierdeckel pro Kind
Zeit: 15 Minuten zum Experimentieren, 10 Minuten zum Belegen, 10 Minuten zum Bauen, 5 Minuten zum Anschauen und Aufräumen

Jedes Kind nimmt sich mehrere Bierdeckel und transportiert sie balancierend auf den verschiedensten Körperteilen. Dabei sollen die Kinder die Bierdeckel auf möglichst viele Stellen gleichzeitig legen, ohne dass sie beim Bewegen herunterfallen.
Nach dem Transport gehen die Kinder zu Paaren zusammen und belegen sich gegenseitig mit Bierdeckeln. Der ganze Körper wird bedeckt und das liegende Kind schüttelt sich heraus, danach wird gewechselt.
Die Kinder bleiben im Paar zusammen und führen mit ihren Bierdeckeln einen Ballontanz durch (vgl. 7.2.1.15).
Am Ende baut jedes Kind mit seinen Bierdeckeln ein Haus. Jedes Kind schaut sich die Häuser der anderen an und räumt danach seine Bierdeckel weg.

11.16 Stunde mit Bierdeckeln

Förderung: der Körperkoordination, der Bewegungsvielfalt und des Gleichgewichts
Material: mindestens vier Bierdeckel pro Kind
Zeit: 10 Minuten für die verschiedenen Bewegungen, 10 Minuten Figuren legen, 15 Minuten Balancieren, 10 Minuten Wanderbrücke und 10 Minuten Abschlussspiel

Die Kinder werfen alle Bierdeckel durch die Halle, so dass sie sich verteilen. Nun bewegen sich die Kinder um die Bierdeckel herum, ohne sie zu berühren (laufen, gehen, krabbeln, springen, ...)

Jedes Kind sammelt Bierdeckel auf und legt sie vor sich hin; nun gibt der Erwachsene Figuren vor, die die Kinder nachlegen (Figuren legen vgl. 7.1.1.3)

Ein Teil der Bierdeckel wird in eine lange Reihe gelegt und die Kinder balancieren darüber. Die anderen Bierdeckel werden verteilt, so dass die Kinder von Bierdeckel zu Bierdeckel gehen und springen können.

Jedes Kind nimmt sich vier Bierdeckel und benutzt diese als Wanderbrücke (vgl. 7.1.2.7), um von einer Hallenwand zur anderen zu gelangen.

Abschlussspiel: Haltet das Feld frei (vgl. 7.2.2.2)

11.17 Stunde mit Blechdosen

Förderung: der Auge - Hand - Koordination und der Geschicklichkeit

Material: möglichst viele Blechdosen (mind. eine für jedes Kind), für jedes Kind einen Gymnastikstab, Tennisbälle (oder andere Bälle, mind. einen für jedes Kind) evtl. Kegel

Zeit: 10 Minuten Dosenrollen, 10 Minuten Dosenführen, 10 Minuten Dosenwerfen, 10 Minuten Turmbau, 20 Minuten Staffel

Dosenrollen: Alle Kinder stehen an einer Linie und rollen gleichzeitig ihre Dosen so weit wie möglich durch die Halle. Nachdem alle Dosen zum Stillstand gekommen sind, läuft jedes Kind zu seiner Dose, hebt sie auf und kehrt zur Linie zurück. (mehrmals wiederholen)

Jedes Kind nimmt sich zu seiner Dose noch einen Gymnastikstab und führt damit seine Dose durch die Halle. Mit weiteren Dosen oder Kegeln können Hindernisse und ein Slalom aufgebaut werden, die nicht berührt und umgestoßen werden dürfen.

Dosenwerfen: Alle Dosen werden zu einer großen Pyramide aufgebaut. Jedes Kind nimmt sich einen oder mehrere Tennisbälle. Auf Kommando werfen alle Kinder gleichzeitig auf die Pyramide. Nachdem alle Dosen umgefallen sind, werden alle Bälle eingesammelt und die Pyramide wieder aufgebaut. In der nächsten Runde wird wieder auf die Dosen geworfen, doch diesmal werfen die Kinder einzeln nacheinander. Sind alle Dosen umgefallen, beginnt das Spiel von vorne. (mehrmals wiederholen)

Turmbau: Die Kinder teilen sich in Gruppen mit jeweils 3-4 Kindern und holen sich die gleiche Anzahl Blechdosen. Die Gruppen haben nun die Aufgabe mit den Dosen einen hohen Turm zu bauen. Am Ende wird der höchste Turm ermittelt.

Staffel: Die Kinder stellen sich zu einer Staffel in zwei Gruppen hinter eine Linie und führen nacheinander ihre Dose mit einem Gymnastikstab durch einen Slalomkurs hindurch hinter die Ziellinie. Dort werden die Dosen zu einem Turm aufgebaut. Fällt der Turm um, so muss das Kind ihn wieder aufbauen. Sobald der Turm steht, läuft das Kind zu seiner Gruppe und übergibt dem nächsten Kind den Stab, damit das nächste Kind seine Dose zum Turm führen kann.

11.18 Stunde mit Blechdosen

Förderung: des Gleichgewichts, der Auge - Hand - Koordination und der Geschicklichkeit

Material: Blechdosen (drei für jedes Kind und zwei Dosenstelzen für jedes Kind), ein Würfel

Zeit: 10-20 Minuten Boule, 10 Minuten Balancieren, 10-20 Minuten Stelzenlaufen, 20 Minuten Fang den Hut

Dosenboule: (vgl. 7.2.1.23): eine kleine Dose wird als Schweinchen benutzt.

Balancieren: Die großen Dosen werden hintereinander in einem Abstand von 30cm aufgestellt. Die Kinder müssen nun über die Dosen steigen, ohne sie zu berühren oder umzuwerfen. Danach werden die Dosen näher aneinander gestellt und die Kinder balancieren vorsichtig über die Dosen.

Stelzenlauf: Große Blechdosen als Stelzen herrichten, dazu zwei Löcher unterhalb des Deckels bohren und eine stabile Schnur hindurchziehen und verknoten. Fertig sind die Dosenstelzen. Damit können die Kinder durch die Halle gehen, durch einen Slalomkurs hindurch balancieren oder ein Staffelspiel durchführen.

Fang den Hut: Die Spielregeln sind ähnlich wie bei „Mensch ärgere dich nicht", jedoch werden die Figuren nicht hinausgeworfen, sondern es wird ihnen der Hut (Blechdose) abgenommen. Wer am Ende die meisten Dosen gesammelt hat, ist der Gewinner. Für dieses Spiel wird mit Seilen, Teppichfliesen, Reifen oder Teppichpuzzleteilen ein Spielfeld aufgebaut. Die Kinder würfeln nacheinander und gehen die entsprechende Zahl vorwärts.

11.19 Stunde mit Bürsten

Förderung: der taktilen Wahrnehmung

Material: zwei Bürsten für jedes Kind (mind. halb so viele Bürsten wie anwesende Kinder)

Zeit: 15 Minuten Waschstraße, 15 Minuten Körperteile benennen, 20 Minuten Pantoffelstaffel

Waschstraße mit Bürsten (vgl. 7.1.2.3)

Körperteile: Die Kinder gehen zu zweit oder in kleinen Gruppen zusammen. Ein Kind legt sich hin und schließt die Augen. Das andere Kind streicht nun mit der Bürste über ein Körperteil. Das liegende Kind muss nun das Körperteil benennen.

Pantoffel: Die Bürsten werden als Schuhe hergerichtet (die Borsten werden nach oben gedreht und mit Klettband oder Kordel am Fuß befestigt). Die Kinder ziehen die Pantoffeln barfuß an und durchqueren einen Parcours (Slalom, über Bänke balancieren). Falls nicht für jedes Kind Bürsten vorhanden sind, kann dieses Spiel auch in einer Staffel durchgeführt werden.

11.20 Stunde mit dem Handtuch

Förderung: des Sozialverhaltens und der Körperkoordination
Material: für jedes Kind ein Handtuch
Zeit: 10 Minuten zum Tragen, 5 Minuten zusammenrollen und abrubbeln, 10 Minuten Mumie, 5 Minuten Kutsche, 10 Minuten Kettenfangen, 10 Minuten Wanderbrücke und 10 Minuten Knotenmutter; alle Übungen können auch länger gespielt werden!

- Alle tragen ihr Handtuch ohne Hände durch die Halle; vor dem Bauch, auf der Schulter, zwischen den Knien, im Ellenbogen, unter der Achsel.
- Das Handtuch mit den Zehen zu einer Rolle zusammenlegen
- Gegenseitig mit dem Handtuch abrubbeln
- Ein oder mehrere Kinder zu einer Mumie verpacken und sich selbst befreien lassen
- Ein Kind zieht ein anderes auf dem Handtuch durch die Halle (dabei auf einen sauberen Hallenboden achten!)
- Kettenfangen, wobei die Handtücher die Verbindung der einzelnen Kinder darstellt (vgl. 7.2.2.13)
- Wanderbrücke (vgl. 7.1.2.7)
- Knotenmutter, auch hierbei halten sich die Kinder nicht an den Händen, sondern an den Handtüchern (vgl. 7.1.2.6)

11.21 Stunde mit Filmdosen

Förderung: der Auge - Hand - Koordination und der Geschicklichkeit
Material: möglichst viele Filmdosen, mindestens eine pro Kind
Zeit: 10 Minuten experimentieren, 20 Minuten bauen und legen, 10 Minuten Körperumriss, 20 Minuten Abschlussspiel

Die Kinder können zunächst mit den Filmdosen experimentieren. Sie sollten sie hochwerfen und fangen, rollen und schieben sowie auf verschiedenen Körperteilen balancieren.

Falls genügend Filmdosen vorhanden sind, können die Kinder mit den Dosen einen Turm bauen, evtl. auch in Verbindung mit Bierdeckeln. Auch das Spiel „Figuren legen" (vgl. 7.1.1.3) ist möglich.

Alle können gemeinsam oder in zwei Gruppen mit den Filmdosen den Körperumriss eines Kindes legen.

Abschlussspiel: Hockey mit Filmdosen und Gymnastikstäben und/oder Boule (vgl. 7.2.1.23).

11.22 Stunde mit Toilettenpapierrollen

Förderung: der Körperkoordination, der Geschicklichkeit und der Auge - Hand - Koordination

Material: viele Toilettenpapierrollen (mind. eine pro Kind), Kegel, Bank, evtl. Gymnastikstäbe

Zeit: 10 Minuten führen, 10 Minuten werfen, 20 Minuten Staffel, 10 Minuten Figur, 10 Minuten Abschlussspiel

Jedes Kind führt mit der Hand oder einem Gymnastikstab seine Klopapierrolle durch die Halle, evtl. durch einen Slalomkurs hindurch.

Die Kinder gehen zu zweit zusammen und werfen sich die Papprolle zu. Danach stellt sich die ganze Gruppe in einen Kreis und spielt „verliebt, verlobt, verheiratet" (vgl. 7.2.1.11).

Staffelspiel: Ein kleiner Parcours mit einem Slalom und einer Bank zum Balancieren wird aufgebaut. Die Kinder müssen mit möglichst vielen Klopapierrollen den Parcours überwinden und auf der anderen Seite eine vorher festgelegte Figur legen. Die Gruppe, deren Figur zuerst vollständig ist, hat gewonnen. Fällt einem Kind auf dem Weg eine Rolle hinunter, so muss es diese aufheben und zurück zur Gruppe gehen, bevor es seinen Weg fortsetzen darf.

Figuren legen (vgl. 7.1.1.3)

Abschlussspiel: Haltet das Feld frei (vgl. 7.2.2.2) oder Zielwurf (vgl. 7.2.2.4)

11.23 Stunde mit Regenschirmen

Förderung: der Gruppendynamik, der Koordination und der Geschicklichkeit

Material: für jeden einen Regenschirm (möglichst mit Rundgriff) und einen Ball

Zeit: 10 Minuten Schirmgymnastik, 10 Minuten Zelt, 10 Minuten Kreis, 10 Minuten Stern, 20 Minuten Minigolf

Jeder sucht sich einen Platz in der Halle und spannt seinen Schirm auf. Auf Kommando dreht nun jeder seinen Schirm rechts herum, links herum, vor dem Bauch, über dem Kopf und neben dem Körper.

Die Kinder versuchen nun, gemeinsam mit ihren Schirmen ein Zelt zu bauen, in dem jedes Kind Platz findet und von außen nicht mehr zu sehen ist.

Alle Kinder stehen in einem kleinen Kreis und stellen den geschlossenen Schirm vor sich hin. Auf Kommando lassen alle den Schirm los, bewegen sich in die vorgegebene Richtung und fangen diesen Schirm auf. Mehrmals wiederholen.

Die Kinder finden sich zu kleinen Gruppen (etwa 5 Personen) zusammen und halten ihren Schirm mit dem Griff in die Mitte (Stern). Die Griffe werden ineinander gesteckt, die Kinder bewegen sich mit ihrem Kreis laufend rechts herum, laufend links herum und lehnen sich langsam nach hinten.

Abschlussspiel Minigolf: Mit dem Griff einen Ball durch Hindernisse hindurchschlagen.

11.24 Stunde mit Kartons

Förderung: der Kreativität und der Geschicklichkeit
Material: möglichst viele Kartons und Schachteln in allen Größen (mind. 2 pro Kind)
Zeit: 10 Minuten Schlittschuh, 15 Minuten Kartonwerfen, 15 Minuten belegen, 20 Minuten Stadtbau

Jedes Kind nimmt sich zwei Kartons, zieht sie über seine Füße und fährt mit ihnen Schlittschuh durch die Halle. Auch als Wettrennen möglich.

Kartonwerfen (vgl. Dosenwerfen 11.17)

Die Kinder gehen zu Paaren zusammen, belegen sich nacheinander mit den Kartons und schütteln sich wieder frei.

Jedes Kind nimmt die gleiche Anzahl Kartons und baut damit einen Turm oder ein Haus. Vielleicht schließen sich auch einige Kinder zusammen und bauen eine ganze Stadt.

11.25 Stunde mit Schaumstoffklötzen

Förderung: der Körperkoordination und der Bewegungsvielfalt,
Material: viele Schaumstoffklötze, Musik
Zeit: 5 Minuten Ballontanz, 15 Minuten Berg, 10 Minuten Mauer, 15 Minuten Weg, 15 Minuten Spiel

Ballontanz (vgl. 7.1.1.7)

Alle bauen gemeinsam einen großen Berg und lassen sich nach einander auf die Schaumstoffklötze fallen, was auch von Kästen oder der Sprossenwand möglich ist.

Zum Balancieren und zum darüberspringen kann eine Mauer in verschiedenen Höhen gebaut werden..

Mit den Klötzen eine Wegbegrenzung bauen und mit unterschiedlichen Bewegungen durch die Straße gehen (vgl. 11.1).

Abschlussspiel: Verdrehter Ball (vgl. 7.2.2.10), Haltet das Feld frei (vgl. 7.2.2.2.), Wanderbrücke (vgl. 7.1.2.7) oder Transportstaffel (vgl. 7.2.2.8)

11.26 Stunde mit dem Wollknäuel

Förderung: der Raumorientierung, der Körpereinschätzung und des räumlichen Vorstellungsvermögens
Material: Wollknäuel
Zeit: 15 Minuten Spinnennetz, 15 Minuten Figuren, 15 Minuten Dreibeinlauf, 15 Minuten Kettenfangen

Alle Kinder sitzen oder stehen in einem Kreis und rollen sich ein Wollknäuel zu. Ist das Knäuel bei einem Kind angekommen, so hält es die Wolle fest und rollt das Knäuel dann weiter. Dadurch entsteht ein Spinnennetz. Nachdem das Netz fertig ist, klettern die Kinder nacheinander durch das Netz, während die anderen es festhalten. Am Ende wird das Wollknäuel wieder aufgewickelt.

Figuren legen mit der Wolle (vgl. 7.1.1.3).

Dreibeinlauf (vgl. 7.2.1.17)

Kettenfangen: Der Fänger fängt die anderen, indem er sie mit dem Wollknäuel abwirft und dabei das Ende festhält. Ist ein Kind abgetroffen, so muss es die Wolle festhalten und mit dem Knäuel das nächste Kind abwerfen. Die Fänger müssen aufpassen, dass beim Fangen die Wolle nicht reißt. Da sie alle miteinander verbunden sind, müssen sie sich absprechen. (vgl. 7.2.2.13)

11.27 Stunde mit Stühlen

Förderung: des Gleichgewichts, der Bewegungsvielfalt und der Körperkoordination
Material: für jedes Kind einen Stuhl
Zeit: 20 Minuten mit Anweisungen, 5 Minuten Tunnel, 15 Minuten Reise, 10 Minuten Brücke, 10 Minuten Spiel

Jedes Kind stellt seinen Stuhl an einen Platz seiner Wahl in die Halle und setzt sich darauf. Der Erwachsene gibt nun Kommandos, die die Kinder ausführen, ähnlich wie 11.2 mit verschiedenen Bewegungen durch die Halle und immer wieder zu ihrem Stuhl zurückkehrend (sitzen, stehen, liegen, hocken, darauf, daneben, darunter).

Die Stühle werden in einer Reihe nebeneinander aufgestellt. Die Kinder kriechen unter den Stühlen durch. Die Kinder verteilen sich um die Stühle herum und spielen die Reise nach Jerusalem. Sobald die Musik endet oder der Erwachsene das Kommando gibt, setzt sich jedes Kind auf einen Stuhl. Da allerdings ein Stuhl weniger vorhanden ist, als Kinder mitspielen, bleibt in jeder Runde ein Kind übrig. Dieses Kind darf nun das Kommando geben.

Die Stühle werden in kleinen Abständen (max. 25cm) in der Halle verteilt. Die Kinder gehen nun von Sitzfläche zu Sitzfläche und müssen den Entgegenkommenden ausweichen ohne den Boden zu berühren.

Die Stühle bleiben so stehen und die Kinder spielen Feuer, Wasser, Blitz (vgl. 7.2.1.25), wobei die Stühle für den Aufstieg bei „Wasser" benutzt werden.

11.28 Stunde mit Wäscheklammern

Förderung: der Auge - Hand - Koordination, der Geschicklichkeit und des Sozialverhaltens
Material: Wäscheklammern (mind. 5 pro Kind), Musik
Zeit: 15 Minuten tanzen, 15 Minuten Weg, 15 Minuten Kreis, 15 Minuten Spiel

Geister vertreiben: Jedes Kind steckt sich viele Klammern an seine Kleidung. Auf Musik beginnen die Kinder zu tanzen und sich so lange zu schütteln, bis alle Klammern von der Kleidung abgefallen sind. Mehrmals wiederholen!

Man kann mit den Klammern einen Weg legen und dazwischen hergehen ohne die Klammern zu berühren. Ebenso gibt es die Möglichkeit auf den Klammer zu balancieren ohne sie zu verschieben.

In kleineren Gruppen mit jeweils etwa 5 Kindern können die Klammern zu einem Kreis zusammengesteckt werden. Man kann ihn dann gemeinsam hochheben und durch die Halle tragen. Bei gutem Gelingen können die Gruppen und somit die Klammerkreise vergrößert werden.

Abschlussspiel: Klammerklau (vgl. 7.2.1.16)

11.29 Stunde mit Tennisbällen

Förderung: der Geschicklichkeit und des Reaktionsvermögens
Material: Tennisbälle (mind. 2 pro Kind)
Zeit: 10 Minuten Ball in Bewegung, 10 Minuten Dribbeln, 10 Minuten Massieren, 10 Minuten heiße Kartoffel, 10 Minuten Abschlussspiel

Alle Tennisbälle werden in der Halle verteilt und müssen ständig durch Rollen, Prellen, Werfen oder Schießen in Bewegung gehalten werden.

Jedes Kind dribbelt einen Tennisball und versucht gleichzeitig von einem anderen Kind den Ball wegzunehmen ohne den eigenen zu verlieren.

Alle Kinder stehen in einem Kreis und massieren der vorderen Person mit dem Ball den Rücken.

Heiße Kartoffel: Die Kinder bleiben im Kreis stehen, die Hälfte der Bälle wird auf die Seite gelegt. Die anderen Bälle werden so schnell wie möglich zum rechten Nachbarn geworfen, ganz so, als wäre der Ball eine heiße Kartoffel.

Abschlussspiel: Zielwurf (vgl. 7.2.2.4) oder Haltet das Feld frei (vgl. 7.2.2.2)

12. Motorik - Test

Für alle, die einen Überblick über die motorische Entwicklung ihrer Kinder bekommen möchten, habe ich hier einen kleinen Test aufgeführt.

In diesem Test werden die Bewegungen der Kinder dokumentiert ohne sie zu werten. Es soll nur die ausgeführte Bewegung aufgeschrieben werden und nicht, ob diese falsch oder richtig ist. Durch die Dokumentation kann eine Weiterentwicklung der motorischen Leistung der Kinder aufgezeigt werden. Ebenso kann dies eine Hilfe bieten um mögliche körperliche Schwächen aufzuzeigen oder sogar gravierende Entwicklungsrückstände. Wenn sich nach einem Jahr nichts an der Bewegung verändert hat, so sollte man dies von einem Fachmann kontrollieren lassen. Der Entwicklungsstand einzelner Kinder geht in der Größe der Gruppe häufig unter. Kinder haben ein Geschick dafür, alles zu vermeiden, was sie nicht können und häufig merken wir es nicht. Es geht in diesem Test nicht darum die Kinder bloßzustellen. Deshalb habe ich auch ganz normale Bewegungen aufgeführt, die sie in normalen Stunden auch durchführen. Auch sollten Sie den Kinder nur die Übungen erklären und die gesamte Gruppe immer wieder an die Einhaltung erinnern. **Stress und Versagungsängste sollten bei den Kindern nicht aufkommen.** Sie sollten vor Beginn des Tests nur sagen, dass Sie sich etwas über die verschiedenen Bewegungen aufschreiben wollen. Vermeiden Sie das Wort Test, für Kinder bedeutet das sofort vergleichen und besser sein wollen und es bereitet ihnen Stress.

Es ist sinnvoll den Test einmal im Jahr durchzuführen. Um den Überblick nicht zu verlieren sollte sich jeder einen bestimmten Zeitpunkt festhalten, z.B. immer nach den Herbstferien.

Um die Dokumentation zu erleichtern ist es sinnvoll sich eine zweite Person zu Hilfe zu holen oder eine Videokamera aufzustellen. Wer auf solche Hilfsmöglichkeiten nicht zurückgreifen kann, hat trotzdem die Möglichkeit den Test durchzuführen. Da man sich aber nicht alle Beobachtungen merken kann, sollte sich der Erwachsene zwischendurch Notizen machen.

Der Test muss nicht komplett in einer Stunde durchgeführt werden, er kann ohne Probleme aufgeteilt werden.

Die Inhalte des Tests beziehen sich auf die Bewegungsstraße (vgl. 11.1), werfen, fangen, prellen und rollen mit dem Ball, Raumorientierung mit dem Reifen (vgl. 11.3), balancieren über eine Bank und ein Bauwerk aus verschiedenen Materialien.

Mit etwa acht Jahren sollten die Kinder die nachfolgenden Bewegungen nahezu perfekt durchführen können.

Die Bewegungsbahn sollte über eine Strecke von zwölf Metern durchgeführt werden.

Material: für jedes Kind einen Reifen, einen Ball, Baumaterial (vgl.11.2 und 11.3), eine Bank und eine Mattenbahn oder Bodenturnmatte von 12m Länge

12.1 Bewegungsbeschreibung:

- **Baumstamm** (liegend, mit gestreckten und geschlossenen Armen und Beinen um die Längsachse drehen, rechts und links herum, der Kopf bleibt zwischen den Armen und der ganze Körper dreht gleichzeitig)

- **Salamander** (Vorwärtsbewegung in der Bauchlage, durchbeugen und strecken der Arme und Beine, kreuzkoordiniert)
- **Krabbeln** (rhythmisch und gleichmäßig, kreuzkoordiniert)
- **Bärengang** (mit gestreckten Armen und Beinen auf den Händen und Füßen gehen)
- **Skorpion** (auf beiden Händen und einem Fuß vorwärts bewegen, das andere Bein wird nach oben gestreckt)
- **Krebs** (auf den Händen und Füßen gehen, der Bauch zeigt nach oben, rückwärts, die Hüfte ist gestreckt)
- **Spinne** (wie Krebs, allerdings vorwärts gehen)
- **Riese** (mit gestreckten Beinen auf Zehenspitzen mit nach oben gestreckten Armen gehen)
- **Zwerg** (sich so klein wie möglich machen und vorwärts gehen, tiefe Hocke ohne Beteiligung der Hände, die Füße bei jedem Schritt anheben und nicht über den Boden schleifen oder watscheln)
- **Versteinert** (Gehen mit gestreckten Armen und Beinen, alle Muskeln anspannen)
- **Gänsefüßchen** (bei jedem Schritt berührt die Ferse des vorderen Fußes die Zehen des hinteren Fußes)
- **Storch** (bei jedem Schritt den Fuß bis ans Knie ziehen, das Bein nach vorne strekken und dann aufsetzen, evtl. auch auf Zehenspitzen)
- **Hase** (in der Hocke die Hände weit noch vorne setzen, sich darauf abstützen und mit den Füßen abspringen und zwischen den Händen landen)
- **Frosch** (aus der Hocke in den Strecksprung, Arme gestreckt nach oben und die Hüfte in der Luft strecken)
- **Flamingo** (auf einem Bein stehen, rechts und links)
- **Hüpfender Flamingo** (auf einem Bein hüpfen, rechts und links)
- **Hampelmann** (abwechselnd von der Grätschstellung in die Schlussstellung springen, dabei die Arme abwechselnd nach oben und unten strecken)
- **Ball werfen und fangen mit einem bzw. beiden Händen** (sichtbares Hochwerfen und sicheres Fangen, ohne Körperkontakt, mehrere Versuche)
- **Prellen einhändig und beidhändig** (nicht auf den Ball schlagen, den Ball herunterdrücken, ohne Verlust der Höhe und möglichst an einer Stelle, mehrere Versuche)
- **Rollen** (der Ball soll nicht den Boden verlassen, gerade rollen, aus dem Stand bzw. aus der Hocke, einhändig - mit der Vorzugshand)
- **Reifen** (die Anweisungen des Erwachsenen genau befolgen, nicht bei den anderen Kindern abschauen, vgl. 11.3)
- **Balancieren** (über eine Bank vorwärts, rückwärts und seitwärts gehen, ohne Gleichgewichtsverlust und Hilfestellung; wurde das gut ausgeführt, wird die Bank umgedreht, das Ganze noch einmal durchgeführt)
- **Bauwerk** (experimentieren mit den Materialien erlaubt, es sollten mehrere Materialien verwendet werden, eigene Ideen verwirklichen, nicht bei den anderen abschauen)

Baumstamm

Salamander

Krabbeln

Bärengang

Krebs

Riese

Zwerg

Storch

versteinert

Hase

Frosch

Hampelmann

Flamingo

balancieren auf einer umgedrehten Bank

Balancieren, vorwärts, rückwärts und seitwärts, normale Bank

KOPIERVORLAGE

12.2 Der Testbogen:

Name: ______________________________

Datum: ______________________________

Geburtsdatum: ______________________________

Bewegungsstraße:

- Baumstammrollen re: ______________________________
- Baumstammrollen li: ______________________________
- Salamander: ______________________________
- Krabbeln: ______________________________
- Bärengang: ______________________________
- Skorpion: ______________________________
- Krebs: ______________________________
- Spinne: ______________________________
- Riese: ______________________________
- Zwerg: ______________________________
- Versteinert: ______________________________
- Gänsefüßchen: ______________________________
- Storch: ______________________________
- Hase: ______________________________ X
- Frosch: ______________________________ X
- Flamingo re: ______________________________ sec.
- Flamingo li: ______________________________ sec.
- Hüpfender Flamingo re: ______________________________ X
- Hüpfender Flamingo li: ______________________________ X
- Hampelmann ______________________________

KOPIERVORLAGE

Ball:

- Werfen und Fangen mit beiden Händen: ____________________
- Werfen und Fangen re: ____________________
- Werfen und Fangen li: ____________________
- Prellen beidhändig: ____________________ X
- Prellen re: ____________________ X
- Prellen li: ____________________ X
- Rollen: ____________________

Reifen:

1. - vorwärts raus ____________ - rückwärts rein ____________
2. - rückwärts raus ____________ - vorwärts rein ____________
3. - rechts raus ____________ - links rein ____________
4. - links raus ____________ - rechts rein ____________
5. - vorwärts raus ____________ - vorwärts rein ____________
6. - rückwärts raus ____________ - rückwärts rein ____________
7. - rechts raus ____________ - rechts rein ____________
8. - links raus ____________ - links rein ____________
9. - vorwärts raus ____________ - rechts rein ____________

Balancieren:

	normale Bank	umgedrehte Bank
- vorwärts:		
- rückwärts:		
- seitwärts:		

Bauwerk:

12.3 Beschreibungsbeispiele:

- **Baumstammrollen:** initiiert mit dem Kopf, Arme und Beine gebeugt, rechtes Bein hebt sich, Unterarmstütz, Beine geöffnet
- **Salamander:** bewegt immer eine Seite gleichzeitig, Beine werden nachgezogen, Knie abgewinkelt – Füße schauen in die Luft
- **Krabbeln:** langsam, rhythmisch, kreuzkoordiniert
- **Bärengang:** gestreckte Beine, Arme und Beine weit auseinander
- **Skorpion:** rechtes Bein – beide Arme, schnell, hüpfend
- **Krebs und Spinne:** Po bei jedem Schritt abgesetzt, Becken ganz gerade, 15 Schritte, drei Pausen
- **Riese:** Beine leicht gebeugt, Arme gestreckt
- **Zwerg:** Beine leicht gebeugt, tiefe Hocke, Hände immer wieder auf dem Boden
- **Versteinert:** rechtes Bein gebeugt
- **Gänsefüßchen:** Ferse berührt jedes dritte Mal die Zehen
- **Storch:** Gleichgewichtsverlust, Fuß bis zum Knöchel angehoben
- **Hase:** Hände etwa 20 cm vor den Füßen aufgesetzt, 13 Sprünge, nach jedem Sprung kurze Pause
- **Frosch:** Hüftstreckung, Arme gebeugt, 20 cm hoch gesprungen
- **Flamingo:** 30 Sec. gehalten, nach 13 Sec. starke Armbewegung
- **Hüpfender Flamingo:** 23 mal, Ruderbewegung mit den Armen
- **Hampelmann:** nicht rhythmisch, abgehackt, Arme und Beine nicht gleichzeitig bewegt
- **Werfen und Fangen:** wirft 30 cm über den Kopf, fängt an der Brust
- **Prellen:** 4 mal, schlägt auf den Ball, Ball verliert an Höhe, bleibt auf der Stelle
- **Rollen:** mit beiden Händen, Ball hüpft 5 mal, Ball rollt stark nach rechts, Kind kniet sich hin
- **Reifen:** verliert die Orientierung; kann vorwärts rein, dreht sich um, bevor es rückwärts heraus geht; schaut, was die anderen tun und macht es nach
- **Balancieren:** starke Ruderbewegung mit den Armen, fällt von der Bank, traut sich nicht - benötigt Hilfestellung
- **Bauwerk:** überlegt lange, experimentiert ausgiebig, schaut bei den anderen ab, keine Idee, baut Schwimmbad mit Turm und Becken - erkennbar

13. Schlusswort

Ich wünsche allen, die dieses Buch gelesen haben, viel Erfolg und viel Spaß bei der Umsetzung. Auch wenn es Ihnen jetzt im Moment noch schwer fällt oder Sie sich vor einem unüberwindbaren Berg befinden, möchte ich Ihnen Mut zusprechen. Es ist alles nicht so schwer, Sie können es. Nehmen Sie sich das Buch zu Hilfe und arbeiten dann instinktiv weiter. Sie können Ihren Kindern viel Spaß mit den Stundenthemen und Angeboten bereiten. Geben Sie Ihren Kindern die Freiheit die Stunde mitzugestalten.

Zur Vertiefung der theoretischen Grundlagen empfehle ich die Bücher von Ernst J. Kiphard, Mototherapie I+II und Motopädagogik, alle erscheinen im Verlag modernes lernen, sowie Psychomotorik in Praxis und Theorie erscheinen im Flöttmannverlag.

Ich biete erlebnisreiche und interessante Fortbildungen zu den Themenbereichen des Buches für Lehrer, Erzieher, Übungsleiter und Interessierte.
Informationen und Kontaktaufnahme:

Buchverlag Sandra Schneising
Gappenacher Straße 27
D-56295 Rüber
Tel. 02654 - 961944
Fax 02654 - 961937
eMail: Buchverlag@schneising.de
Homepage: http://www.buchverlag-schneising.de

Und nun:

Viel Spaß und los geht´s